Momentaufnahmen
und andere Erzählungen

ad libri

Peter Oebel

Momentaufnahmen

und andere Erzählungen

adlibri Verlag

FSC
www.fsc.org
MIX
Papier aus verantwortungsvollen Quellen
Paper from responsible sources
FSC® C105338

Erstausgabe, Juni 2012

www.adlibri.de

Redaktion: Rainer E. Kirsten
Umschlagkonzept und -gestaltung: KlettMedia, Hamburg
Umschlagfoto: Mike Joosten, © Mike Joosten, Denver

Gestaltung und Satz: KlettMedia, Hamburg
Herstellung: BoD, Norderstedt

Printed in Germany 2012
ISBN 978-3-89927-036-5

Vorwort

Begegnungen – mit Menschen, mit Dingen – sind die Wegbegleiter unseres Daseins. Immer und immer wieder stellen sie sich mitten auf den Pfad, der durch unser Leben führt. Mal erwartet und mal unverhofft, gewissermaßen als Momentaufnahmen, statten sie uns ihre Besuche ab. Hier zur Freude und dort zur Trauer, mal einschneidend, mal völlig belanglos und neutral. Wir kennen das. Im Nachhinein betrachtet, wären wir einigen Begegnungen wohl besser aus dem Wege gegangen. So unser Urteil im Rückblick, über das eine oder andere Geschehnis, über diese oder jene Episode unserer Jahre. Wir löschen sie dann aus, die mit dem jeweiligen Augenblick im Zusammenhang stehende Erfahrung, verbannen sie gewissermaßen aus unserem Leben, oder, besser gesagt, versuchen zumindest, es zu können. Einige dieser Augenblicke hingegen sind uns lieb und teuer, wir mögen – ja können sie nicht vergessen, ringen, was jenes Erleben betrifft, um ihren Erhalt, hoffen gar auf eine Wiederholung.

Die weitaus meisten Begegnungen unseres Lebens allerdings erscheinen uns als gering, als klein, unscheinbar und flüchtig. Wir nehmen sie nicht wahr, nicht bewusst jedenfalls, nein, nicht einmal ansatzweise. Wobei – und das möchte ich an dieser Stelle gerne unterstreichen –, wobei es sich bei jenen Unscheinbarkeiten keineswegs ausnahmslos um Annäherungen handeln muss, die ohne Bedeutung sind. Von diesen letztgenannten Momenten handelt mein Buch, ihnen habe ich es gewidmet. Die eher unauffälligen Erfahrungen und Beobachtungen sind es, die ich innerhalb meiner Begegnungen thematisiere. Flüchtige Augenblicke, die ich mittels meiner Zeilen vielleicht zurückholen und für einen kurzen Moment zum Verweilen überreden darf; Momente, die ich erhalten möchte, weil sie mir wichtig erscheinen, ja weil sie mich, auf ihre Weise, sogar geprägt haben … Es liegt doch letztlich immer im Auge des Betrachters, was wichtig und was unwichtig ist. Das ist auch gut so. Daran werde ich nichts verändern wollen.

Inhalt

Momentaufnahmen

»Das kann doch unmöglich dein Ernst sein!« Der Herr im sandfarbenen Kamelhaarmantel sieht mich mit einem abwesenden Blick an. »Wir haben das doch alles ausführlich besprochen ...« Zumindest innerlich kann ich meine Verwunderung nicht verborgen halten – dieser Mensch ist mir völlig unbekannt. Sein eher glasiger Blick geht immer noch in meine Richtung. Unsere Blicke treffen sich. Vielleicht steht ja unmittelbar jemand hinter mir, höre ich mich denken, und jener wird hier angesprochen ... Zeitgleich drehe ich mich um.

Nein. Hinter mir steht niemand. Bis auf die ältere Frau, die gerade im Begriff ist zu bezahlen, stehen allein der Herr im Business-Look und ich an der Kasse. Die Dame schließt ihr Portemonnaie, lässt noch schnell drei Dosen Katzenfutter in ihrer Handtasche verschwinden und wendet sich ab. Nahezu lautlos läuft das Fließband an. Transportiert die eingekaufte Ware des Kamelhaarmantels bis zum Scanner. Die Kassiererin blickt kurz zu ihm auf: »Tag!« Der kurze Gruß wird nicht wahrgenommen. Während der Mann mit der rechten Hand ein Paket Brot, eine Ecke Käse, drei Schachteln Zigaretten und zwei Flaschen Prosecco vom Band nimmt und in den Einkaufswagen legt, fasst er sich mit seiner linken Hand ans Ohr, berührt ein kleines, gebogenes Gerät, das am selbigen festgeklammert zu sein scheint. »Wir müssen uns unbedingt zusammensetzen.« Jetzt verstehe ich. Der Mann telefoniert. Ja. Das erklärt auch das Durch-Mich-Hindurchschauen.

»Heute Nachmittag? Müsste klappen!«, vernehme ich noch deutlich, während der Kamelhaarmantel durch die automatisch gesteuerte Glastür-Schleuse verschwindet. Einige Minuten später verlasse ich auf demselben Weg den Supermarkt. Ohne Wagen, beladen, mit einem großen Beutel Äpfel an der Hand. Gleich rechts vom Ausgang, in unmittelbarer Nähe der vor dem Markt in langen Reihen deponierten Einkaufswagen, lächelt mich ein bärtiges Gesicht freundlich an: »Heute kalt.« Der Vollbart reibt sich die Hände. Ich blicke auf einige Exemplare des Hamburger Straßenmagazins Hinz & Kunzt, die er zwecks dazu mit dem Ellenbogen an seine Jacke drückt. Der Verkäufer möchte auf sich aufmerksam machen, oder besser gesagt, auf seine Ausgaben. Auch das habe ich verstanden. Ich kaufe eine Zeitung. Wir wechseln ein paar Worte. Freundliche Unverbindlichkeiten, die einerseits zwar keine Nähe aufbauen, aber andererseits auch keine Distanz nähren.

Gleich neben dem Markt ein Bäcker. Dort kann man sich setzen, einen Kaffee bekommen. Hin und wieder mache ich von diesem Angebot Gebrauch. Heute auch. Mit einer Serviette tupfe ich den Kaffee von der Untertasse, der mir während des Balanceaktes, vom Tresen zum Bistrotisch, übergeschwappt ist. Blick in die Runde. Eine junge Frau, zwei Tische weiter rechts von mir, direkt am Fenster. Schnell gleiten ihre Finger über die Tastatur des Laptops, den sie vor sich aufgeklappt positioniert hat. Die Anschläge verlieren sich im Raum, vereinen sich mit den Geräuschen, die die Geschäftigkeit eines Bäckerladens mit sich bringt. Brötchentüten knistern. Menschen melden sich mit einem »Morgen!« an. Über die Köpfe der Wartenden hinweg erwidert die Verkäuferin mit einem Kopfnicken den einen oder anderen Gruß. Ein Handy meldet sich. Das der jungen Frau am Laptop. »Hallo – duuu ...« freut sie sich ins Telefon. Die Tastatur bedient sie weiter.

Auf dem Weg zum Parkplatz, eine sehr alte Frau. Mehr auf den Gehwagen (Rollator mag ich nicht sagen) gestützt als sich mit ihm fortbewegend, taucht sie zwischen den unzähligen Fahrzeugen auf. An den Griffen des Lenkers hängen mehrere Plastiktüten. Es ist offensichtlich, dass sie sich inmitten der Anfahrenden und Abfahrenden unsicher fühlt. Links von ihr biegt eine schwarze Limousine ein. Einer jener mannshohen Familien-Geländewagen. Ich tippe auf einen Fünfliter-Motor mit so um die 350 PS. Ich blicke auf die vier Auspuffrohre des Hecks, die alte Dame am Gehwagen, wie ich vermute, auf den verchromten Kühlergrill zwischen den überbreiten Kotflügeln. Der Gehwagen hält an. Das ist auch gut so. Die Limousine nicht. Hier, auf dem Parkplatz, inmitten der Menschen die sich im Blech bewegen, hier überwiegen andere Regeln. Rechts vor links gilt jedenfalls nicht für eine Gehhilfe. Das sollte man wissen.

»Wolfgang Amadeus Mozart – Klavierkonzert A-Dur – Köchelverzeichnis 488«, aus dem Autoradio. Maurizio Pollini dirigiert die Wiener Philharmoniker. Mein Einkauf ist beendet, ich verlasse diesen Ort. Vor mir ein Wagen, der ebenfalls auf eine Lücke im vorbeifließenden Verkehr wartet. Mein Rückspiegel zeigt mir noch, gerade soeben und weit hinten zurück, die alte Dame. Sie hat ihr Ziel, den Eingang zum Markt, fast erreicht. Die Plastiktüten am Lenker schaukeln im Takt ihrer Schritte. Blick nach vorne. Momentan kommt kein Fahrzeug. Weder von links noch von rechts. Der Fahrer in dem Wagen vor mir scheint es nicht zu bemerken. Der Wagen fährt nicht an. Ein Hupsignal ziehe ich nicht in Erwägung. Das würde mir meinen Wolfgang Amadeus verärgern. Der Fahrer – wenn er denn mal fahren würde! – telefoniert. Das signalisieren mir die Gesten, die auch durch die Gläser meiner Front- und seiner Heckscheibe hindurch deutlich zu erkennen sind.

Kurz vor der Einfahrt zu meinem Haus ist die Stadtreinigung präsent. Auf der rechten Fahrbahnseite vor mir, das unübersehbare Orange eines Müllfahrzeugs. Dahinter, in einem angemessenen Abstand, halte ich an. Nichts hetzt mich, ich habe Zeit. Das Fahrzeug hat sich ziemlich genau parallel zu einer am Straßenrand abgestellten Reihe von Mülltonnen ausgerichtet. Das hat seinen Grund, wie ich nun beobachten kann: Langsam, wie in Zeitlupe, von der rechten Seite des Fahrzeugs kommend, bewegt sich ein Greifarm in Richtung der grauen Tonnen. Bedingt durch ein Gelenk am Greifer gleicht jene Technik kleine Unterschiede im Abstand problemlos aus. Schon hängt eine der Tonnen am Haken, wird angehoben, präzise zur Öffnung des Müllfahrzeugs geführt, entleert und zurück an ihren Platz gestellt. Das geschieht automatisch. Lautlos. Vom Führerhaus aus ferngesteuert. Hier wird kein einziger Müllmann mehr an der Straße gebraucht.

Langsam setzt sich das Orange in Bewegung. Ich kann passieren, fahre vorbei. Die Einfahrt. Der Carport. Der Weg zum Haus. Die Tüte Äpfel in den Händen, öffne ich den Postkasten. Eine flüchtige Durchsicht. Die täglich Werbung: Kataloge, Reklame und Stadtteilzeitungen. Die Angebote der umliegenden Supermärkte, grellbunt abgedruckt auf umweltfreundlichem Papier, sind noch in einer Folie eingeschweißt. In der Hoffnung, dass sich zwischen dem beachtlichen Stapel doch noch ein realer Brief befindet, klemme ich mir die Ansammlung unter den Arm. Ansonsten wird sich niemand mehr für die Zustellungen interessieren. So jedenfalls meine Vermutung. »Hallo!« Hinter mir taucht der DHL-Bote auf. »Können Sie vielleicht ein Paket für Ihren Nachbarn annehmen? Dort ist niemand zu Hause.« »Klar«, ich gehe dem Boten ein paar Schritte entgegen, »mach' ich.« Der Mann überreicht mir das Päckchen. Eine Sendung Bücher.

Die Haustür fällt hinter mir ins Schloss. Nur noch dünn ist das Gezwitscher der Vögel im Garten zu hören. Ein ziemliches, dennoch aber erfreuliches Durcheinander. Ein netter Gruß der Natur. Es wird Frühling. Mit Kraft. Fast alle Fenster der unteren Räume stehen auf Kipp. Die angenehme Kühle der Frühlingsluft wirkt belebend. Aus der Küche duftet es nach frisch gebrühtem Kaffee. Der Bäcker kommt mir in Erinnerung. Hätte ich Kuchen mitbringen sollen? Der Anrufbeantworter blinkt, gibt mehrere Anrufe in Abwesenheit zu erkennen. Die kantig monotone Stimme des Speicherchips lässt mich wissen, wann jeweils die Nummer dieses Anschlusses gewählt wurde. Weshalb die Anrufe erfolgten, das erfahre ich nicht. »Klick. Es wurde keine Nachricht hinterlegt. Klack.« Mit dieser Information schaltet sich das Gerät auch eigenständig wieder auf Standby-Betrieb. Der Sessel, direkt vor meinem Bücherregal, lädt mich zum Verweilen ein. Der Einladung folge ich gern.

Es ergab sich einfach nicht

»Zu gerne würde ich einmal ein Stück Pizza essen.« Der alte Mann sieht das junge Mädchen lächelnd an. »Pizza habe ich noch nie gegessen.« Laura erwidert erstaunt seinen Blick. »Was? Sie haben tatsächlich noch nie ...?« Zwei Menschen stehen sich in der kleinen Küche gegenüber. Zwei Kontraste, die ein Projekt zusammengeführt hat. »Noch nie in Ihrem ganzen Leben?« Der Alte zeigt sich verlegen. »Nein«, flüstert er leise, als spräche er mit sich selber, »nein, noch nie.« »Es ergab sich einfach nicht.« Laura schaut ihm nach, wie er die wenigen Schritte aus der Küche über den kleinen Flur in Richtung Wohnraum geht.

Laura besucht die neunte Klasse des Gymnasiums Dörpsweg. Im Rahmen eines Sozialpraktikums engagiert sie sich in einer vom DRK geführten Senioren-Wohnanlage. Die Erwartung, die die Schule an die Schülerin stellt, ist definiert. Jeweils an einem Nachmittag pro Woche, und dann für rund zwei Stunden, soll Laura sich für andere Menschen einsetzen. Laura hat sich diesen Platz selber gesucht, hat sich für diese Aufgabe beworben, hat sich für die Betreuung eines älteren Mitmenschen entschieden. Seit den Herbstferien ist sie dabei, und bis zum Beginn der Weihnachtsferien ist sie dort eingeplant. Sie kümmert sich um

Frau Zierau. Sie geht mit der alten Dame einkaufen, liest ihr ein paar Seiten aus einem Buch vor, unterhält sich mit ihr, erzählt ihr von ihrer Schule, von ihren Plänen. Frau Zierau hört dem Mädchen gerne zu. »Für ein paar Wochen ist die Jugend bei mir zu Besuch« wie sie immer sagt, für einige Stunden nimmt sie wieder am Leben teil. Später dann werden die Erfahrungen, die in diesen Momenten erlebt werden, im Philosophie- und Religionsunterricht ausgewertet. So ist es geplant.

»Kommen Sie, Herr Riecken, bisher sind Sie doch noch immer satt geworden.« Frau Zierau sitzt im Wohnraum auf dem Sofa. Herr Riecken betritt das Zimmer, setzt sich zu ihr. Der Alte ist zu Besuch gekommen. Das tut er gerne, wenn er weiß, dass Laura kommt. Gemeinsam hören sie dann geduldig und dankbar zu, wenn die Schülerin liest. Jene gegenseitigen Besuche sind in dem Heim gestattet. Eine der wenigen Eigenständigkeiten, die diesen Menschen blieb. Betreutes Wohnen. Laura bringt den Kuchen herein, den sie in der Küche ausgepackt und auf drei kleinen Tellern portioniert hat. »Sie haben doch einen Backofen, Frau Zierau.« Laura stellt die Teller auf dem Tisch ab. »Vielleicht kann ich uns demnächst mal eine Pizza backen.« Der alte Mann blickt auf. »Das ist eine ganz ausgezeichnete Idee.« Seine Gesichtszüge zeigen Freude und Zweifel zu gleichen Teilen. Frau Riecken zerteilt mit der Kuchengabel den Bienenstich. Sie schweigt. Im Kopfe hat Laura den Vorsatz bereits in die Tat umgesetzt. Der alte Herr tut ihr leid. »Noch nie im Leben eine Pizza gegessen«, denkt sie, »das ist nur schwer vorstellbar.

Jahre später:

Laura hat ihre Schule mit Abitur abgeschlossen. Sie hat den Führerschein gemacht. Mit dem Wagen ihrer Eltern steht sie an der roten Ampel. Sie schaut vor sich, halb links, aus dem Fenster der Frontscheibe. Ihr Blick erfasst die trist graue Fassade des DRK-Seniorenheimes. Hier hatte sie das seitens der Schule geforderte Praktikum absolviert. Frau Zierau, Herr Riecken ... Das liegt bereits eine kleine Ewigkeit zurück. Es regnet. Die Scheibenwischer quietschen ihr erbärmliches Lied. Wolkenverhangen und farblos zeigt sich der Tag. Viel zu lange beharrt die Ampel auf ihrem Rot. Erinnerungen melden sich. Besser gesagt – eine Erinnerung:

»Wollen wir schnell noch eine Pizza kaufen?« Lauras Vater weist auf den Supermarkt, der sich gleich neben dem DRK-Gebäude befindet. »Dann kannst du dein Versprechen heute noch einlösen.« Laura zögert. »Nein. Nicht jetzt. Später vielleicht. Das hat Zeit.« Lauras Vater parkt den Wagen ein. »Komm, Laura, wir sind schnell mit der Besorgung durch. Was erledigt ist, das ist erledigt.« Laura zeigt sich überredet. Sie gibt nach, geht jeder weiteren Diskussion aus dem Weg. Nur wenige Minuten später hält Laura eine Pizza in den Händen, eingepackt, in einer einladend bunt bebilderten Schachtel aus der Tiefkühltruhe des Discounters. Vor der Eingangstür des Seniorenheimes dreht sie sich noch einmal um. »Danke für das Fahren, Papa.«

Am Abend erzählt Laura ihren Eltern, wie sehr sich der alte Mann über die Pizza gefreut hat. Sie ist sichtlich gerührt und ebenso erstaunt, wie einfach es doch ist, einem Menschen eine Freude zu bereiten. Das merkt man ihr an. »Das erste Stück Pizza«, denkt sie laut, »das muss man sich mal vorstellen.« Laura spricht mit ihren Eltern über ihre Stunden im Heim, berichtet von Frau Zierau, von Herrn Riecken. Die Wohnanlage, das Betreute Wohnen, die auffallende Gleichschaltung der Räumlichkeiten. Gehhilfen. Einschränkungen ... Es bleibt nicht verborgen, dass sie einige der Erfahrungen noch verarbeiten muss. Irgendwie – irgendwie zeigt sich dort eine Seite des Lebens, die sich nicht so recht in das Bekannte fügen will.

Mittwoch der nächsten Woche. Nach der Schule und gleich nach dem Mittagessen macht sich Laura auf den Weg zu Frau Zierau. Heute mit dem Rad, ihr Vater kann sie nicht fahren. Frau Zierau empfängt sie milde lächelnd an der Tür. »Komm' bitte rein, schön, dass du da bist!« Nahezu lautlos schließt sie die Wohnungstür. Ein kleines Gespräch über den Tag. Ein paar Seiten in einem Buch. Heute keinen Einkauf. Am Abend, am Tische, reicht Laura ihren Eltern die Nachricht weiter, die Nachricht, die sie für Sekunden erschüttert hat, die sie immer noch stark bewegt. »Der alte Herr Riecken«, nicht ganz gelingt es ihr, Tränen zu unterdrücken, »Herr Riecken ...« »Er ist am vergangenen Wochenende verstorben.«

Kurz, aber eindringlich ertönt eine Autohupe. Die Ampel zeigt ihr Grün. Laura fährt an. Zeitgleich, mit einem flüchtigen Blick über den Innenspiegel nach hinten. Ein akustisches Signal hat ihre Gedanken zurück in die Kammern der Erinnerungen verwiesen. Es regnet nicht mehr. Die Scheibenwischer können abgeschaltet werden. Die Wolkendecke löst sich auf. Der Tag bekommt Farbe.

Ein Gruß vom Leben

Herr Burghardt steht inmitten des Zimmers und schaut sich um. Etwas hilflos sieht er aus, so mit dem Blumentopf in den Händen. Auch wenn der alte Mann es nicht ausspricht, auch wenn er schweigt, ich kann die Frage deutlich wahrnehmen, die er stellt: »Wohin mit der Pflanze?« Die Frage ist berechtigt. Ein schmaler Kleiderschrank, eine kleine Kommode, ein ovales Tischchen, ein Stuhl und ein Sessel stehen in dem Raum. Ein doppelflügeliges Fenster. Die Pflanze braucht Licht, gehörte an das Fenster. Aufgrund der Tatsache, dass es keine Fensterbank gibt, ist das nicht möglich.

Vor einigen Minuten: an der Straße, zwischen zwei mannshoch gemauerten Säulen, ein Eingangstor aus Schmiedeeisen. An der rechten Säule ein rechteckiges Schild. »Seniorenresidenz«, prangt dort die Überschrift in großen Lettern, und darunter, wenn man etwas näher herantritt, »Leben und wohnen, wie es Ihnen gefällt.« Gleich hinter dem Tor führt ein Kiesweg zum Hauptgebäude. Der Pfad schlängelt sich durch ein Rasen-Rabatten-Arrangement. Man bemerkt es sofort, dass die Umwege zwar beabsichtigt aber nicht besonders einfallsreich angelegt worden sind. Es wirkt etwas lächerlich. Links und rechts des Weges tauchen in regelmäßigen Abständen Bänke auf. Gelbe Tupfer auf dem Rasen. Löwenzahn! Dann – in einem unerwarteten Rechtsschwenk und um einen Rhododendronbusch herum – das Haus, das Alten- und Pflegeheim. Ich habe mir vorgenommen, meinen ehemaligen Nachbarn hin und wieder zu besuchen. Nun bin ich hier.

Einige Jahre waren wir Nachbarn. Zeitgleich mit dem Tod seiner Frau ging es gesundheitlich mit ihm rapide bergab. Seine beiden Kinder, Sohn und Tochter, leben ihr eigenes Leben, wie sie stets betonen; die Tochter tut das in Süddeutschland, der Sohn sogar im Ausland. Die Enkelkinder, drei sind es, sind allzeit sehr beschäftigt, haben kaum Zeit, zudem wohnen sie, wie gesagt, sehr weit weg. Ein längerer Krankenhausaufenthalt hat den alten Mann dann letztlich davon überzeugt, dass es wohl besser ist, das Haus aufzugeben. Die Treppen, der Keller und der Garten – das war nun nicht mehr möglich, und mit siebzig noch einmal umziehen? Nein, das zog er nicht in Erwägung. »Was machen wir jetzt mit der Pflanze?« Jäh unterbricht Herr Burghardt meine abschweifenden Gedanken. Mit einem freundlichen Lächeln blickt er auf die roten Blüten der Azalee. »Na ja«, ich blicke in die Runde, »vermutlich war die Idee, einen Blumentopf mitzubringen, nicht die beste.«

So langsam habe ich den Verdacht, dass auch hier im Zimmer alles allein auf das Praktische bezogen ist. Letzteres aus der Sicht des Personals, das hier im Heim für Ordnung sorgt, versteht sich. Ansatzweise habe ich dafür natürlich Verständnis, aber man kann alles übertreiben. Keine Fensterbank ... Vielleicht, vielleicht damit die mit einer Fensterbank etwaig einhergehenden Probleme gar nicht erst ermöglicht werden? Vielleicht, weil sich alte Menschen nun mal gerne Pflanzen ins Fenster stellen, und jene dann beim gießen ...? Mag sein. Wie auch immer dem sei, der alte Herr soll sich über seinen Besuch freuen. Ich darf mir meinen Argwohn keinesfalls anmerken lassen. Ich muss jetzt handeln. »Auf der Kommode ist kein Platz mehr, und da sind die Lichtverhältnisse auch nicht gerade günstig.« Mit einem Schritt bin ich bei meinem Gastgeber und nehme ihm den Topf aus den Händen. »Dann stellen wir die Azalee eben auf den Tisch – so!«

Wir setzen uns an den Tisch. Herr Burghardt auf den Sessel, ich auf den Stuhl. Einige Sonnenstrahlen mogeln sich durch den oberen Bereich des Fensters. Das, was die Scheiben hier an Licht durchlassen, wird von den Gardinen noch einmal gefiltert. Die Scheiben müssten dringend geputzt werden, die Gardinen könnten eine Wäsche vertragen. Soeben wirft die Sonne dünne, lange Lichtstreifen auf die Tischplatte, Lichtreflexe, die auf ihrem Weg vom Fenster zum Tisch die Staubpartikel erkennen lassen, die in der Luft schweben. Wir wechseln ein paar Worte miteinander. Weder ihm noch mir fällt das in dieser Atmosphäre leicht. Immer dann, wenn ich der Meinung bin, dass es nicht bemerkt wird, erkunden meine Blicke das Zimmer. Außer dem spärlichen Mobiliar gibt es hier noch ein Bettgestell und ein Waschbecken. Mittels eines grauen Kunststoffvorhangs, der an einem bogenförmigen Chromrohr hängt, kann der Waschbereich separiert werden.

Einige Tuschezeichnungen, mit Stecknadeln an die Tapete gepinnt, hängen über dem Bett. Bunte, fröhliche Bilder, die, wie ich vermute, von den Enkelkindern stammen. Herr Burghardt scheint meine Gedanken erraten zu haben. »Die habe ich im vergangenen Jahr von den Kindern zum Geburtstag bekommen«, erklärt er mit bescheidenem Stolz, »mein Sohn hat sie mir per

Post geschickt.« Wir blicken auf die Pflanze. Es klopft. Zeitgleich wird die Tür geöffnet. »Soll ich Ihnen jetzt Ihren Kaffee aufs Zimmer bringen?« Eine Frau im weißen Kittel steht im Türrahmen. »Oh, Sie haben Besuch, wie schön.« Die Frau sieht mich an. »Möchten Sie auch einen Kaffee? Ich bringe Ihnen eine Kanne.« Bevor wir etwas erwidern können, ist die Tür wieder geschlossen, die Frau im Flur verschwunden. »Das Personal ist hier ausgesprochen nett.« Offensichtlich versucht Herr Burghardt, die Situation zu überbrücken. »Es steht aber permanent unter Zeitdruck.«

Ich erinnere mich genau, wie sehr der alte Mann seinen Garten geliebt hat, ja mit welcher Hingabe er sich dort um alles kümmerte – und mit Erfolg, wenn ich beispielsweise an seine wunderschönen, zart duftenden alten englischen Rosen denke. Und jetzt, jetzt ist dieser Mensch nicht mehr in der Lage, auch nur einer einzigen Azalee samt ihrem Terrakotta-Topf gerecht zu werden, und das, weil man aus einer ökonomischen Überlegung heraus auf ein Brett unter dem Fenster verzichtete. Was muss passiert sein, bevor man sich das bieten lässt. So meine Überlegung. Doch, ich kann das verstehen, eigentlich stellt sich die Frage nicht. Einerseits war mein Nachbar nie so etwas wie ein Rebell, er wollte eben lieber seine Ruhe gesichert sehen, und andererseits wird auch die stärkste Persönlichkeit auffällig müde, wenn sie denn in die Jahre gekommen ist. Die Gesellschaft nutzt das aus, längst nicht immer gewollt und in böser Absicht. Leider auch in einer Seniorenresidenz.

Mein Besuch ist beendet. Den Flur entlang gehe ich in Richtung Ausgang. Wir haben Kaffee getrunken und etwas über die Vergangenheit geplaudert. Über die Gegenwart zu sprechen, das habe ich mich nicht getraut. Besser nicht. Die Realität eines Alten- und Pflegeheims kann ich keinesfalls schön schminken. Klar, sicherlich gibt es auch andere Heime, Heime, in denen ein alter Mensch würdevoller die ihm verbleibende Lebenszeit verbringen kann. Davon bin ich überzeugt. Allerdings können sich das bekanntlich die wenigsten leisten. Ich versuche mich von diesen Gedanken zu lösen. Der Flur erscheint mir recht lang. Sein PVC-Bodenbelag riecht nach angewärmtem Gummi. Krankenhausflure riechen in der Regel auch so. Der Flur hier erinnert mich sowieso an ein Krankenhaus. Die vielen Türen, die Schilder an den Türen, die für den unkomplizierten Austausch von Namen konzipiert sind ... Dort der Ausgang. Dahinter das Leben.

Gezeiten. Gedanken am Meer

Der Weg führt mich stracks an die nördliche Küste der Insel, und zwar direkt zum Hallig-Hafen. Eine Handvoll Fischer- und Segelboote ruhen sich dort von ihrer Arbeit aus. Jetzt, bei Ebbe, liegen einige der Boote in Schräglage, gelehnt an den modrigen Brettern und Balken der alten Pier. Schiffe, ohne genügend Wasser unter dem Kiel, deren Rümpfe lediglich in der Schlamm-Masse des Meeresbodens stecken, erinnern mich stets an Krabbeltiere, die auf dem Rücken liegen, erinnern mich an umgekippte Käfer, deren Beine, hilflos in der Luft fuchtelnd, ihrem zugeordneten Element entgegenstreben wollen.

Der Hafen ist stolzer Besitzer einer eigenen Schleusenanlage, und so nennen die Hooger ihren Hafen auch kurz *Schleuse*. Im Schlick, in dem feinen Meeresschlamm, der sich bei ruhiger See hier absetzt, schreiten hungrige Seevögel ihr Revier ab. Der Lebensraum, den ihnen die Gezeiten für die Stunden zwischen Ebbe und Flut zur Verfügung stellen, überreicht ihnen täglich erneut Nahrung aus dem Meer. Frischeste Nahrung, und das in ausladender Fülle. Diese Tatsache deckt sich gründlich mit dem

Geruch, der hier in der Luft hängt. Eine gelungene Mischung zwischen Duft und Gestank, die der Hafenbesucher tief atmen darf. Er riecht eben genau so, wie er sich zeigt, der alte Hafen. Er riecht nach dem Moosbelag, der sich auf Pier, Balken und Spieren gesetzt hat, nach dem Teer, der die Tampen und Taue wetterfest macht, nach all den Krebsen und Krabben, die, leer und ausgehöhlt, ihren charakteristischen Körperdunst an den Wind abgeben. Seevogelmahlzeiten vergangener Tage.

In unmittelbarer Nähe des Hafens bleibe ich für eine Weile auf einer hölzernen Brücke stehen. Die Brücke führt über einen Priel, ermöglicht so den Übergang über einen ganz passablen Graben. Wie gesagt, es ist kein gewöhnlicher Priel, der sich da in seiner vollen Pracht vor mir ausbreitet, sich letztlich dann, ein paar hundert Meter weiterführend, mit einer imposanten Seefläche vereint, nein, dann schon eher ein breiteres, tieferes Flüsschen. Dein Wasserlauf läuft auch bei Ebbe nicht leer, denke ich mir, das kann wirklich niemand von dir erwarten. Ein schöner, erholsamer Spaziergang an der erfrischenden Seeluft, einhergehend mit einem ständigen Ausblick auf die Weite des mich umgebenden Meeres. Bis auf das kurze, schrille Kreischen einiger neugieriger Möwen, das weit entfernte, taktmäßige Dieseltuckern eines Krabbenkutters und das ewige Singen des Windes – Ruhe.

Der Spazierweg beschert mir weitere Resultate von Kämpfen, die sich innerhalb der Natur abgespielt haben. Immer wieder entdecke ich die Kadaver verendeter Seevögel auf den Wiesen. Was auch immer ihren Tod herbeigeführt haben mag, hier liegen sie, liegen zwischen den langen, grünen Gräsern und bleichen in der Sonne. Wie lieblos aufgebahrt, gesellen sie sich unfreiwillig zu den ebenso zahlreichen Fischkadavern, die, im Ganzen oder in Fetzen gerissen, der Erdboden hier ebenfalls jäh in einer traurigen Regelmäßigkeit anbietet. Konsequent von ihrem ursprünglichen Element getrennt, spielen sie, die einen wie die anderen, ihre Abschiedsrolle. Eine lautlose, kleine wie tragische

Rolle, die ihnen der ewig währende Kreislauf der Mutter Natur noch zugedacht hat. Das unzensierbare Drehbuch der Urkräfte. Die alles entblößende Bühne des Lebens. Stets ein Arrangement ohne Kostüm und Maske.

Wo man hinsieht, zeigen sich die mehr oder weniger bleich verdorrten Überreste von Krebsen und Muscheln. Vielleicht sind es sogar die Opfer der Möwen, denen ich soeben begegnete, deren ich gerade etwas trauernd gedachte. Möglich wäre es zumindest. Sie alle geben sich hier ein letztes Stelldichein. Zu Spielbällen der Gezeiten sind sie geworden, zu passiven Tanzpartnern der Gezeitenströmungen. Strömungen, die zwischen den Steinen und in den Lachen und Rinnsalen all das mit einer höchst vollendeten Ausdauer hin- und her spülen, die alles ein- und aufweichen, was zwischendurch immer wieder unnachgiebig von der Sonne getrocknet wird. Wind und Wasser, das altehrwürdige Ehepaar, haben sich ebenfalls von ihnen abgewandt, sind ihnen keine Freunde geblieben, fühlen sich nur noch gerufen, den Prozess der Umwandlung konsequent zu beschleunigen.

All diese Fetzen, Schuppen und Gräten, diese Häute, Knochen und Federn, diese Hüllen und Schalen – waren sie der Natur am nützlichsten, als noch das Wunder des Lebens sie erfüllte, oder sind sie es zurzeit?, frage ich mich, oder – denkbar wäre es immerhin – erfüllen jene leblosen Körper und Formen gerade ihre zweite Nützlichkeit, und es ist für die Natur ziemlich irrelevant, wann letztendlich der Wechsel von der ersten in die zweite Aufgabe stattfindet? Oder ist es gar der momentane Status, der seitens der Natur uneingeschränkt, also absolut favorisiert wird, ergo die Verfassung, in der wir Erdenbürger das zu erkennen glauben, was wir in unseren Breiten in aller Regel als Tod bezeichnen? Ist es von Bedeutung, dass ich die richtigen Antworten auf diese meine Fragen bekomme? Wie auch immer, aus meiner Sicht der Dinge gilt zwar Ersteres, aber es bleibt beim Glauben. Dessen bin ich mir bewusst.

Ja, ich plädiere auch an dieser Stelle für das Leben. Nicht allein das, es birgt – ich sehe das so – für mich eine Stimmigkeit, dass ein jedes Geschöpf auf unserem Planeten, während seines begrenzten Daseins, in gewisser Einzigartigkeit, in seiner ureigenen Art und ohne die geringste widernatürlich erzwungene Umwandlung frei existieren können sollte, frei, im Sinne einer – ich sag mal – göttlichen Ordnung und in seinem ihm eigenen Element, einzig so, wie es erschaffen wurde. Allerdings bin ich mir nicht sicher, ob ich mir meine Logik da nicht aus einer Gewohnheit heraus schnitze. Denn, so frage ich mich, wo liegt die Grenze zum Widernatürlichen, wo zur erzwungenen Umwandlung? Wer wolle von sich behaupten, das allgemeingültig festlegen zu können. Vielleicht sieht das die Kraft Natur ganz anders als der Mensch? Gerne gehen wir davon aus, dass alles so zu verlaufen hat, wie es uns gefällt, ja wie wir es für richtig halten.

Anbei: Wenn ich das Wort Geschöpf benutze, infolgedessen von einer Schöpfung spreche – sie hier, so gesehen, voraussetze –, ja dann hat Schöpfung für mich nicht die Wertigkeit, mit der sie seitens der etablierten Religionen bedacht wird. Nein, an Stelle von Schöpfung kann ich durchaus auch Evolution einsetzen. Das birgt aus meinem Blickwinkel heraus letztlich keinen nennenswerten Widerspruch. Das ist allerdings ein ganz anderes Thema.

Darf ich Ihnen meine Karte reichen

Auch das noch, denke ich mir, das hat mir gerade noch gefehlt. An dieser Stelle bin ich ziemlich ungeduldig, ich weiß, und möglicherweise auch etwas ungerecht. Aber was soll's, damit muss ich leben. Mit dem mir momentan bestmöglichen Minenspiel nehme ich das mir entgegengehaltene Stückchen schneeweiß bedruckte Pappe (im Format 8 x 5 cm etwa) entgegen. »Dr. Wilfried B. Löffler«, so lese ich flüchtig, »Dipl.-Kaufmann«. »Gut. Danke«, ich lasse das Gereichte in meiner Jacketttasche verschwinden, »wir werden uns melden.«

Jedem, der mich näher kennt, ist meine Abneigung mehr oder weniger bekannt, die ich gegen jene Kärtchen hege. Visitenkarten – ich mag sie nicht. Und ja, wie ich es bereits eingangs andeutete – und damit nehme ich jedem mich etwa belehren wollenden Kritiker im Vorfelde den sprichwörtlichen Wind aus den Segeln –, bin ich mir meines Vorurteils durchaus bewusst. Was können die kleinen Kärtchen denn dafür, was die Verteiler jener Hinweise? Dem Kaufmann Wilfried Löffler sind wir – meine Frau und ich – nebst seiner Gattin hier in der Kammeroper kurz begegnet. Genau genommen in der Pause, zwischen dem zweiten und dem dritten Akt, und da wir in diesen wenigen Minuten eine relativ duldsame Konversation erfuhren, kommt es nach Beendigung der Vorstellung zu dem Angebot. »Ich würde Sie gerne bei mir zu Hause zu einer Tasse Kaffee einladen«, so unsere jüngste Bekanntschaft, vertreten durch Wilfried Löffler. Und nun, wie gesagt, diese Karte ...

Wie ich vermute, war sie nicht weiter auffällig, meine Aversion, jedenfalls hoffe ich es. Klar, meine Frau wird es bemerkt haben, sie kennt mich, sie erwartet bei solchen Gelegenheiten nichts anderes von mir. Was nun Herrn und Frau Löffler betrifft, so gehe ich davon aus, dass für jene nunmehr alles in bester Ordnung ist. Herr Löffler hakt seine Frau unter, lächelt uns freundlich an: »Über einen Besuch würden wir uns wirklich sehr freuen. Danke für das nette Gespräch. Es war ein schöner Abend.« Beide wenden sich zum Ausgang. Wie auch immer, wenn ich jetzt nicht aufpasse, dann provoziert sich zwischen mir und meiner Frau so etwas wie ein Streitgespräch, zumindest ein kleines. In solchen Situationen wie dieser gilt es zwei Dinge keinesfalls zu thematisieren: Krawatten und Visitenkarten! Und immer, aber auch immer und immer wieder falle ich darauf rein, ja tappe ich in dieselbe Falle – und lästere über ebendiese Begleiter unserer Kultur.

»Man kann es auch übertreiben«, meine Frau hat ja nicht so ganz Unrecht, »du mit deiner diesbezüglichen Engstirnigkeit. Das ist exakt genau das, was du sonst stets vehement verurteilst. Das ist intolerant.« Ja. Alles richtig. Ich kann dem nichts entgegensetzen, was meine innere Haltung rechtfertigen könnte. Ob nun die von mir im Zusammenhang mit Krawatten und Visitenkarten gemachten Erfahrungen reichen, um mein zugegeben gewöhnungsbedürftiges Verhalten zu entschuldigen oder wenigstens zu erklären, das sei dahingestellt. Dessen aber ganz ungeachtet, möchte ich zumindest einen kleinen Anhaltspunkt geben, einen Indikator setzen, wenn man so will, was mir so durch den Kopfe schießt, wenn ich mich mit diesen Dingen konfrontiert sehe. Nein, ich revidiere kurz, will mich nicht verzetteln, klammere vorerst die Krawatten aus. Allein die Visitenkarte war es doch, die mir vor nur wenigen Momenten meine Gedanken negativ ausrichtete.

Oftmals habe ich erfahren, dass zwischen dem, was auf den Kärtchen abgedruckt war, und dem, was sich unterm Strich real dahinter verbarg, frappierende Unterschiede bestanden. Da wurde ein Ideenreichtum freigesetzt, der durchaus mit der blühenden Phantasie surrealistisch motivierter Filmemacher Schritt halten konnte. Da wurde, um einige Beispiele zu nennen, der liebe Herr Vertreter übergangslos zum »Key Account Manager« gekürt, der Bürovorsteher schwang sich zum »Back Office Supervisor« empor und jeder, dem es gelang, erfolgreich eine Palette Brechbohnen in Dosen in das Regal eines Supermarktes zu stapeln, nannte sich keinesfalls mehr Lagerarbeiter, sondern »Logistik-Manager«. (Was ein »4th Level Manager« tatsächlich ist, das habe ich noch nicht herausbekommen, vielleicht ein Hausmeister, der für die vierte Etage zuständig ist, wer weiß.) Diese Verballhornung – um das Wort Verar... nicht zu benutzen –, die missfällt mir.

Zugegeben, an dieser Stelle gebe ich der Übertreibung einen gewissen Raum, dessen bin ich mir natürlich bewusst, aber da es hier doch in der Regel ohnehin um Übertreibungen geht, sehe ich mich sehr wohl noch im Rahmen der Spielregeln skizzieren. Und ja, eventuell und zusätzlich haben mich auch die Auftritte der »European Business Coach Absolventen« inspiriert, die Kartenreichungen der »Customer Relationship Manager«, das Erscheinen der »Professional IT Consulting Manager«, von denen nahezu jeder zweite selbstverständlich ein Geschäftsführer ist. Wie auch immer dem sei, wie sollte Derartiges benannt werden, wo darf man eine solche Inflation der imaginären Titel einordnen? Was mich betrifft, so fällt mir dazu nicht viel ein, was einen ausreichend brauchbaren Bezug zur Realität hat. Gut, im Zweifelsfalle sehe ich da allerdings ausreichend Stoff für die Pointen einer gelungenen Kabarett-Vorstellung. Immerhin.

Nun habe ich wohl genug Dampf abgelassen, für heute ist die Luft raus. Vorerst jedenfalls. Im Eingangsportal des kleinen Theaters bleibe ich kurz stehen, ziehe das Kärtchen aus meiner Tasche: »Dr. Wilfried B. Löffler / Dipl.-Kaufmann / Elbchaussee 403 c / 22609 Hamburg / Tel. 040 ...« Nein, so ganz Unrecht hat meine Frau da nicht, ich neige in der Tat zur Übertreibung. Meine Aversion gegen Visitenkarten, die zeugt von Intoleranz und Engstirnigkeit. Das, was ich gerade lesend zur Kenntnis nehme, schlicht formuliert und in dezent grauen Lettern auf weißem Karton abgedruckt, das ist der beste Beweis – alles vertrauenswürdig. Was soll's, meine diesbezügliche, immer wieder sich einschleichende Neigung zur Schwarz-Weiß-Malerei, die möge man mir bitte tunlichst verzeihen. Zwar werde ich in diesem Leben kein Freund mehr von diesen Karten, aber selbstredend werde ich an mir so lange arbeiten, bis wir uns vertragen können. Versprochen.

Keine Zeit

Mit der linken Hand die Haut im Kinnbereich leicht straffziehend, führt die rechte Hand den Elektrorasierer über die Bartstoppeln des Mannes. Etwas angespannt, sich leicht hin- und her neigend, blickt er in den Spiegel. So wie es aussieht, bereitet es ihm ein wenig Mühe, den zu bearbeitenden Körperteil innerhalb des nur kleinen Rahmens wiederzufinden. Letzteres ist kein Wunder, eher völlig normal, der Rückspiegel eines PKW, der eignet sich nur sehr begrenzt für die morgendliche Rasur. Jene Tatsache gilt auch für einen tiefschwarzen BMW.

06:00 Uhr in der Frühe. Ich stehe auf der Ausfahrtstraße unseres Dorfes. Genauer gesagt, an einer der letzten Ampeln vor der Autobahnauffahrt nach Hamburg, die nunmehr seit einigen Sekunden ihr kreisrundes Rot zeigt. Links von mir, parallel und auf selbiger Höhe – und das, obwohl hier nur eine einzige Spur zur Verfügung steht? – der besagte Herr, der emsig mit seiner Morgentoilette beschäftigt ist. Aus dem Augenwinkel heraus – man möchte ja niemanden beobachten – nehme ich jene Zelebration wahr, und das nicht ganz ohne Bewunderung, oder sagen wir besser: nicht ohne ein gewisses Erstaunen. Und – kaum zu glauben –, wenn ich die Bewegungen seines Mundes richtig deute, ja dann telefoniert der Mensch obendrein noch während des Rasierens. Doch die Gesten, mit dem Gerät in der Hand, die regelmäßige Hinwendung in Richtung Handy-Halter-Freisprecheinrichtung –, hier wird tatsächlich die Wartezeit in vollem Umfang ausgenutzt. Die Ampel zeigt ihr Gelb. Zeitgleich fährt die schwarze Limousine mit quietschenden Reifen an.

Grün! Ich blicke dem Fahrer nach, der alsbald – fortan wieder auf der regulären Spur! – links abbiegend und somit der Kurve folgend, in einer beachtlichen Staubwolke meinem Blick entschwunden sein wird. Wenn sich dieser Zeitgenosse nun noch seine Fußnägel geschnitten hätte, denke ich mir, während ich mich ebenfalls in Bewegung setze, dann hätte er mit dieser Nummer durchaus im Circus Roncalli auftreten können. Was, so frage ich mich, was kann einen Menschen nur beflügeln, mittels eines derartigen Aufhebens den Tag zu beginnen? Diese unausgewogene Rasanz, und das in aller Herrgottsfrühe, dieses Die-Zeit-läuft-mir-davon-ich-muss-was-tun-Arrangement, wer oder was ist ihr Nährboden? Gut, klar, man kann es sehr wohl mal eilig haben, ebendiese Situationen gehören hin und wieder zum Leben, lassen sich nie ganz vermeiden, wer wollte das ernsthaft bestreiten. Aber das trifft es nicht, das passt nicht zu meiner soeben gemachten Erfahrung.

Nein, solche oder ähnliche dieser Darbietungen drängen sich immer häufiger in den Vordergrund, ja setzen sich immer vehementer in die allererste Reihe des Tagesgeschehens, und um 06:00 Uhr in der Frühe, da sind sie besonders auffallend. »Zeit – wer hat sie heutzutage noch?«, so höre ich es immer öfter und mit Resignation fragen. Aber sollten wir uns nicht besser, uns gegenseitig motivierend, die Frage stellen: »Zeit – warum nehmen wir sie uns nicht?« Zeit, unser allerhöchstes Gut, eines, das recht begrenzt und ganz sicher weder mit Geld noch mit Gütern zu erkaufen ist, warum nur nehmen wir dieses kostbare Geschenk nicht an, oder nehmen es kurz entgegen, um es dann achtlos und unausgepackt beiseite zu stellen. Den sich soeben rasierenden und telefonierenden Menschen, in seinem pechschwarzen BMW, den könnte ich jetzt fragen. An der nun letzten Ampel vor der Autobahn-Anschlussstelle steht er direkt vor mir, und starrt nervös auf das kreisrunde, leuchtende Rot …

Unsere Zeit, sie ist schnelllebig wie nie zuvor. Mittlerweile verfügen wir über Schienenzüge, die mit weit über 500 Stundenkilometern durch die Landschaften unserer guten Mutter Erde preschen, fliegen mit nahezu 1000 Stundenkilometern durch die Lüfte und nutzen selbst im Stadtverkehr gerne Autos, die ohne weiteres mit rund 500 PS motorisiert sind, und so wie es aussieht, ist die Ziellinie längst noch nicht erreicht. Mittels der uns zur Verfügung stehenden Kommunikationstechniken sind wir für jeden überall und jederzeit erreichbar. Satelliten verbinden uns im Nanosekundenbereich mit jedem beliebigen Ort der Welt, füttern uns pausenlos mit allen möglichen Bildern, Informationen und Nachrichten, ja weisen uns – sofern wir es denn wünschen – sogar den Weg zum nächstgelegenen Bäckerladen. Stets und ständig sind wir auf der Durchreise, verfolgen nicht selten reale wie imaginäre Ziele, die sich, so erscheint es uns immer öfter, konsequent und automatisch durchgehend nach hinten verschieben.

Nicht, dass ich den sogenannten Fortschritt verdammen will, die Innovationen der technisch orientierten Wissenschaft, das liegt fernab meiner Absicht. Alles unterliegt der Veränderung, der Bewegung, der Neuerung, und das ist auch gut so. Hier nun einen Stillstand zu erwarten, das wäre unentschuldbar weltfremd. Dessen ungeachtet sei mir aber mein Zweifel erlaubt, meine Skepsis, ob der Menschheit jene Entwicklung letztendlich zugutekommt. Nutzen wir sie, die Technik, oder benutzt sie mittlerweile vielmehr uns? Wie auch immer dem sei, aus welchem Blickwinkel heraus man das auch betrachten mag, eines hat sich in dem Zusammenhang doch wohl herauskristallisiert: Zeit, Zeit haben wir durch all jene technischen Errungenschaften nicht gewonnen. Nein, das genaue Gegenteil ist dann schon eher der Fall. *Multitasking* heißt der Taktgeber unserer modernen Gesellschaftsform, nämlich die Bereitschaft, zu versuchen, möglichst viele Aufgaben gleichzeitig zu erledigen.

Gern möchte ich hierzu den deutschen Philosophen Friedrich Wilhelm Nietzsche zu Wort kommen lassen, der bereits vor über einem Jahrhundert bemerkte: *»Diese Welt ist von Menschen bevölkert, die mit einer Hast und Ausschließlichkeit an sich denken, wie noch nie Menschen an sich gedacht haben, sie* *bauen und pflanzen für ihren Tag, und die Jagd nach Glück wird nie größer sein, als wenn es zwischen heute und morgen erhascht werden muss: weil übermorgen vielleicht überhaupt alle Jagdzeit zu Ende ist. Wir leben die Periode der Atome, des atomistischen Chaos«* (Nietzsche, Schopenhauer als Erzieher/Unzeitgemäße Betrachtungen/I,367). Wenn auch diese seine Worte in einer anderen Zeit gesprochen und an eine andere Generation gerichtet waren, so dürfen wir uns immer noch von ihnen angesprochen fühlen, erinnern sie uns doch einmal mehr an die Tatsache, dass wir den beklagten Zustand nicht nur nicht abgebaut, sondern vielmehr deutlich ausgebaut haben.

Die zwei Gesichter (m)einer Stadt

Hamburg. Meine Stadt. Sie hat viele Gesichter. Das Leben und Treiben in der City. Die Mönckebergstraße. Die Spitalerstraße. Gern schlendere ich durch jene Haupteinkaufsstraßen. Immer schon. Auch ohne ein gestecktes Ziel. Zeit. Zeit für ein Hinsehen. Ein schönes Geschenk, das ich mir selber überreiche. Auch ein nützliches. Durchaus. Wenn ich an all die Impressionen denke, die ich ohne diesen Abstand, ohne diesen Kurzurlaub vom eher hektischen Treiben des Alltags nie erfahren hätte. Nicht nur erbauende, den Lebensmut nährende Eindrücke waren es, die mir mein Näherhinsehen bescherte. Natürlich nicht. Das war auch nicht zu erwarten. Aber wenn ich es mir so recht überlege, dann waren es eher die Blicke auf die Kehrseite meiner Stadt, die mir Augen und Herz in ungeahnter Weise öffneten.

Woran denke ich, wovon spreche ich schreibend? Mir kommen jene Menschen in den Sinn, die eigentlich übersehen werden, die Seelen, die in der Regel fernab von uns stehen, und das, obwohl sie doch auch unsere Nächsten sind. An jene Männer und Frauen denke ich, denen ganz offensichtlich das Einfügen in das System unserer Gesellschaftsordnung nicht gelingen mag, denen zumindest das letzte Quäntchen zum geforderten Maß an normgerechter Anpassungsfähigkeit fehlt, das sprichwörtliche i-Tüpfelchen eben zum erforderlichen Vertrauen in das aktuell favorisierte Gemeinschaftsabkommen unserer aktuellen Rang- und Klassenordnung. (Inwieweit dabei der Anteil an jeweiliger Eigenverschuldung eine Rolle spielt, das sei dahingestellt, ist innerhalb meiner jetzigen Gedanken nicht von relevanter Bedeutung.)

Penner werden sie genannt, Herumtreiber und, wer es etwas freundlicher sagen möchte: Obdachlose. Diese Mitbürger sind es, die die eingangs erwähnte Kehrseite meiner Stadt zeichnen. Ja, diese Nächsten sind es, die den Gegensatz zum allgemeinen Ablauf des Stadtbildes prägen, die den Kontrast bilden, zu den am Orte promenierenden Passanten. Die auffallende Differenz zwischen denen und denen offenbart sich nicht zuletzt durch ihr Erscheinungsbild. Sie hetzen nicht durch die Straßen, obwohl sie doch Gehetzte sind, transportieren keine kostbaren Geschenke, obwohl sie reichlich Tüten und Taschen mit sich führen. Ob sie nun in der Hocke und mit dem Rücken an den gepflegten Fassaden der klassischen Häuser lehnen, oder, in selbiger Kauerstellung, in deren geschützten Eingangsbereichen sitzen, eines haben sie gemeinsam: Sie bitten um Hilfe.

Man sieht sie auch, meist in gebeugter Haltung und langsamen Schrittes, auf den Wegplatten der Fußgängerzonen auf und ab schlurfen, oder, in gleicher Weise einhergehend, auf den belebten Pfaden und Plätzen des Zentrums, einem scheinbar imaginären Ziele – einem nicht wirklichen Bestimmungsort – folgen. Ein kurzer Text, flüchtig auf ein Schild aus Karton gemalt, lässt keinen Zweifel aufkommen: Hier wird um Hilfe gefleht. »Bin arbeitslos und habe Hunger.« – »Habe keine Arbeit und keine

Wohnung.« – »Habe weder Bleibe noch Papiere.« So oder so ähnlich lauteten die knappen Bemerkungen auf den Pappfetzen, mittels derer sich diese Menschen, diese unsere Nächsten, ausweisen. Pappkarton-Schild-Appelle, die sie, in der Hoffnung auf eine Spende, uns zur Beachtung in ihren zitternden Händen halten.

Immer wieder und in regelmäßigen Abständen erscheinen sie auf der Bildfläche. Scheinen aus dem Nichts aufzutauchen. Die Vagabunden und Tippelbrüder des Landes. Die Clochards der Straßen und Gehwege. Die Obdachlosen und Bettler der Stadt. Meiner Stadt. Hier, in einem mit Marmor verzierten Eingang eines noblen Geschäftshauses, ein auf einer schäbigen Decke kauernder Mann. Ein vor Wind und Wetter Schutz suchender Mensch mit hängenden Schultern, der, von diversen Plastiktüten umgeben und in einem um den hageren Körper geschlungenen, abgerissenen und vor Schmutz und Fett stinkenden Armeeparka gehüllt, direkt unter einem auf Hochglanz polierten Messingschild mit edel eingravierter Firmensignatur mehr lagert denn sitzt. Dort eine Frau, der man die Situation, in der sie sich befindet, ebenfalls auf Anhieb ansieht.

Armut. Not. Elend. Bedrängnis, die stumm zum Himmel schreit. Verhärmt blickende Erscheinungen, an deren gebeugte Rücken übergroße Rucksäcke hängen. Ihre gesamte Habe, mit der sie sich langsam und schweren Schrittes über die Gehwegplatten schleppen. Von Hunger und Armut ausgemergelte Menschen. Menschen, denen ihr Leben zu einer Physiognomie verhalf, die an die Hexen des Mittelalters erinnern lässt. Menschen, auf denen die ganze Wucht der zynisch ironischen Seite des Daseins hernieder ging. Menschen, die in übereinander hängenden Lumpen stecken. Menschen, die voller Resignation nur noch unmittelbar vor sich auf den Boden stieren mögen. Menschen. Meine Nächsten. In meiner Stadt. Die Zahl derer, die mir so begegnen, scheint ständig zu wachsen.

Diese Begegnungen halten mir einen Spiegel vors Gesicht. Wenn es sich doch so verhält, dass jene Erscheinungen der Preis für eine immer furioser werdende Konsum- und Leistungsgesellschaft sind, ja dann drängt sich doch die Frage auf, ob sich hieraus nicht eine gewisse Verantwortung ableiten lässt, eine Zuständigkeit, der wir alle gemeinsam gerecht werden müssen. Zumindest vernehme ich deutlich die Aufforderung, dass ich an dieser Stelle keinesfalls die Augen verschließen darf, vor jenem anderen Gesicht meiner Stadt

Geduldete Gewalt

Obwohl die Begebenheit nunmehr bereits einige Jahrzehnte zurückliegt, kann ich mich noch sehr gut an die Situation erinnern: Zusammen mit zwei Freunden saß ich in unserer damaligen Stammkneipe, einer Studentenpinte in der Nähe der Hamburger Uni, und ärgerte mich über die Argumente meiner Gesprächspartner. »Beeinflussen die brutalen Gewaltszenen im Fernsehen unsere heranwachsenden Kinder?«, lautete das Thema, über das wir hitzig diskutierten. Unsere Meinungen wichen stark voneinander ab, oder besser gesagt, meine Meinung von der Überzeugung, die meine Gegenüber einhellig vertraten.

Nicht etwa, dass ich damals keine Ansichten vertrug, die von den meinigen abwichen, das trifft es nicht, konträres Denken und Handeln wurde inmitten der 70er Jahre in der BRD ausgiebig geübt, nein, mich ärgerte es, mit welchen weltfremden Begründungen man einen bestehenden Verlauf ignorierte, dessen Endergebnis sich bereits in jener Zeit durchaus erahnen ließ, die steigende Tendenz nämlich, sich an Gewalt im Alltag so langsam aber sicher zu gewöhnen. Und ja, aufgrund der Tatsache, dass meine Gesprächspartner studierte Soziologen waren – einer von ihnen war sogar als Prüfer für die FSK (Freiwillige Selbstkontrolle der Filmwirtschaft) tätig –, hatte ich mehr Weitblick erwartet. »Das Ansehen von Filmen, die Brutalität zeigen, die Gewalt offenbaren, das verführt die Heranwachsenden keinesfalls zur Nachahmung«, so meine Kontrahenten, »sondern deckt vielmehr, und zwar rechtzeitig, den natürlichen Bedarf an aggressiven Erfahrungen.«

Gut, fairerweise möchte es nicht unerwähnt lassen, dass ich die Angelegenheit wesentlich emotionaler anging, als meine beiden Freunde es taten. Letzteres lag, wie ich heute rückblickend vermute, wohl nicht zuletzt daran, dass ich, im Gegensatz zu ihnen, bereits Vater war und mir meine Verantwortung für meine heranwachsende Tochter auch bezüglich dieser Thematik gewisse Fragen diktierte. Ich habe es noch genau vor Augen, wie sich jene auf den nach hinten gekippten Stühlen locker zurücklehnten und mich – die Arme hinter dem Kopfe verschränkt –, nicht ohne den gewissen Ton der Überlegenheit, wissen ließen, was hierzu die jüngsten Erkenntnisse der Wissenschaft anführten. »Wir sollten hier keine falsche Furcht walten lassen, dürfen keinesfalls das in den besagten Filmen gezeigte Gewaltpotenzial überbewerten«, so Herbert, der Mitarbeiter der FSK, mit dem Brustton der uneingeschränkten Überzeugung.

Mir hingegen erschien es weitaus logischer, auch an dieser Stelle auf den Lehr- und Lerneffekt hinzuweisen. »Die TV-Sender stellen immer mehr Kinofilme und Fernseh-Serien ins Programm, die vor Brutalität nur so strotzen, und das nicht allein zur späten Stunde, und auffällig ist, dass jene Grenzenlosigkeiten so verpackt werden, als wären sie das Selbstverständlichste auf der Welt.« So meine Meinung. »Hier wird es nicht zuletzt der Jugend schmackhaft gemacht, Probleme mittels der Kraft des Kampfes zu lösen, und unsere Kinder sind nun mal Nachahmer.« Nein, wir einigten uns damals nicht. Das, was mir Grund zur Besorgnis gab, wurde als eine Selbstverständlichkeit bewertet, meine Rückschlüsse als naives Überreagieren angesehen und sogleich mit meiner diesbezüglich fehlenden Sachkompetenz erklärt und somit auch entschuldigt. »Da tritt bald eine Sättigung ein«, erklärte mir Frank, »dann ist die *gespielte* Gewalt nicht mehr interessant.«

Nun, wie gesagt, das besagte Gespräch zwischen Herbert, Frank und mir gehört lange der Vergangenheit an. Vieles hat sich seither verändert. Und ja, Herbert hat sein Engagement bei der FSK etwa zwei Jahre nach dem Gespräch aufgegeben und kurz darauf eine Professur in Berlin übernommen. Wir haben uns dann aus den Augen verloren. Frank bezieht seit Jahren eine Rente. Er hat seinen gewählten Beruf niemals ausgeübt, nicht wirklich. Eine Gegebenheit, die er mit so einigen Soziologen der 70er Jahre teilt. Wir sehen uns regelmäßig. Die Pinte (Dieze Köpi an der Ecke Rappstraße/Heinrich-Barth-Straße) gibt es immer noch. Sie ist inzwischen legendär, oder Kult, wie man sagt. Hin und wieder trinke ich dort ein Bier. Was das Ambiente betrifft, so hat sich hier kaum was verändert: König-Pilsener vom Fass, kalte Frikadellen mit Senf und Brot, Musik von Bob Dylan im Hintergrund, gelassene wie hitzige Studenten-Debatten ab 22:00 Uhr.

Der Tisch, an dem wir saßen, der behauptet sich ebenfalls noch an selbiger Stelle. Was die Diskussion über den Einfluss von Gewaltdarstellungen in den Massenmedien betrifft, so kann man sagen, dass sie uns gleichermaßen erhalten geblieben ist. Das Thema »Beeinflussen die Gewaltszenen im Fernsehen unsere heranwachsenden Kinder?« wird spätestens dann wieder in der Öffentlichkeit diskutiert, wenn Jugendliche an einem Gewaltdelikt beteiligt waren, das sich ziemlich offensichtlich nach einer Film-Vorlage aus dem Fernsehen ereignete. Hier sieht man derartige Sendungen dann als Gefahr an, möchte das TV-Medium besser zensiert wissen, und dort vertritt man weiterhin die Meinung, die damals meine Diskutanten vertraten. Einverstanden, eine jede Angelegenheit kann von verschiedenen Blickwinkeln aus betrachtet werden, daran soll sich nichts ändern. Dessen ungeachtet habe ich meine Meinung hierzu allerdings auch nicht geändert.

Ich bleibe dabei, verweise auf den Lehr- und Lerneffekt, zeige auf die Tatsache, dass auch in diesem Punkte eine jede Ursache mit einer Wirkung verbunden ist. Das verstärkte Konsumieren von Fernsehsendungen, die Gewalt anbieten, lässt, auch wenn jene Brutalitäten *nur* gespielt werden, Aggressionen als durchaus normal erscheinen und fördert zeitgleich dazu die Gewaltbereitschaft. Auf lange Zeit gesehen verhält es sich so. Was für die rein kommerziell orientierten Privatsender ein einträgliches Geschäft ist, erweist sich für unsere Kinder als Teufelskreis. Kinder, Jugendliche, Heranwachsende sind Nachahmer. Das ist seit jeher eine feste und somit kalkulierbare Größe. Daran wird sich auch in Zukunft real nichts ändern. Wo bleiben sie denn, all die Morde, versuchten Morde und anderweitigen Gewalttaten, wenn sie hinaus aus dem Monitor und in die Gehirne der Zuschauer gewandert sind – ist dann letztlich alles wieder neutral?

Die von meinem Freund Frank prognostizierte Sättigung, sie trat nicht ein. Das Beobachten von Gewalttaten, es hat nichts von seiner Anziehungskraft eingebüßt. Das Gegenteil ist der Fall. Heute wissen wir, dass es tatsächlich mehrere tausend (!) Gewaltexzesse sein können, mit dem ein Kind noch vor dem Abschluss der Grundschule konfrontiert wird. Gräueltaten, laut, bunt und großflächig, weitergereicht an die Menschen, die sich orientieren wollen, ja die die Zukunft unseres Planeten gestalten sollen.

Stapelware

Die Verkäuferin, mein Enkelkind und meine Wenigkeit – zu dritt stehen wir vor dem stählernen Stapelregal und blicken in die Höhe. »Und, wie soll das jetzt weitergehen?«, frage ich. Von dem Puppen-Kinderwagen, für den sich meine kleine Begleiterin so brennend interessiert, lässt sich gerade mal soeben der vordere Teil erkennen. Da das Ersehnte gut sechs Meter senkrecht von uns entfernt lagert, ist das alles andere als ein Wunder. »Sie nehmen hier einen der Zettel aus dem Kästchen, geben ihn an der Kasse ab, zahlen, und bekommen dann den Wagen am Lagertresen.«

Das imposante Lagergerüst ist zwischen zwei dicken, eckigen Säulen aus Sichtbeton positioniert. Die Verkäuferin, ein junges Mädchen so um die Zwanzig, weist auf einen der beiden Kästen aus gebürstetem Edelstahl, die jeweils, in Augenhöhe der Erwachsenen an den Säulen montiert sind. » Der Barcode auf dem Zettel enthält Artikel und Preis. Wie gesagt, alles Weitere geht automatisch.« Die letzten Worte richtet die Lagergehilfin bereits im Fortgehen an mich, was mir deutlich signalisiert, dass sie bereits an anderer Stelle erwartet wird. Den Kopf weit in den Nacken gedrückt, sieht das Mädchen an meiner Seite immer noch nach oben. »Können wir den Wagen nicht kaufen?« Mit der rechten Hand zeigt sie in Richtung ihres Wunsches. Ihre Stimme lässt bereits Enttäuschung erahnen. Wie ich vermute, wirken wir beide etwas ratlos. Jedenfalls ist das ganz eindeutig der Fall. Ich blicke nach links und nach rechts den Gang entlang.

Ein mit grauer Fußbodenfarbe gestrichener Estrich, auf dem wir stehen. Ein Materialverbund, dem auch das ständige Befahren mit Hubwagen und Gabelstaplern nichts anhaben kann. Vor und hinter uns: zusammengeschraubte Winkel und Bleche. Auf den Blechen, zumeist im rechten Winkel, die gelagerten Spielzeuge.

Insgesamt gesehen, so aus dem Augenwinkel betrachtet, ein schreiendes Bunt, ausgerichtet auf einem symmetrisch angeordneten Grau. Inmitten der Lagergerüst-Schlucht komme ich mir verloren vor. Zumal jene Regale konsequent bis kurz unter die Decke dieser mehrere tausend Quadratmeter großen Halle reichen. Genauer gesagt, reichen sie bis an das Gemisch aus runden und eckigen Blechschächten des Lüftungssystems heran, das sich über den gesamten oberen Bereich des Gebäudes schlängelt. Meiner Begleitung ergeht es nicht so. Hier vermögen die Gedanken eines aufgeregten Kinderherzens das von mir Empfundene zu überlagern.

Der gute alte Spielwarenladen – er setzt sich in die erste Reihe meiner Erinnerungen. Mit dem Kauf eines Spielzeugs sollte auch eine positive Erfahrung einhergehen, denke ich mir. Eine solche Begebenheit kann eine beglückende Erinnerung zeichnen, ja einen wunderbaren Traum reichen, der einen Menschen ein ganzes Leben lang geduldig begleitet. Letzteres gilt im Besonderen, wenn zwei leuchtende Kinderaugen den Erwerb aufnehmen. Noch ist es da, das kleine Geschäft, in dem mir die Bedienung im Laufe der Zeit persönlich bekannt wurde. Noch kann ich ihn besuchen, den übersichtlichen Laden, wo der Geschäftsinhaber so manchen Schatz seiner Auslage auf der Spielwarenmesse in Nürnberg entdeckt hat. Klar, das eine oder andere Spielzeug ist hier etwas teurer, doch eingedenk der Tatsache, dass ich einen Puppen-Kinderwagen nicht allzu häufig verschenke, mag ich den Mehrpreis durchaus verkraften.

»Nein«, sage ich zu dem Kind an meiner Hand, »hier können wir dir deinen Wunsch nicht erfüllen. Nicht wirklich.« Stracks gehen wir auf dem grauen Betonweg Richtung Ausgang. Hinter den Regalen das Surren von batteriebetriebenen Motoren. Gabelstapler? Hubwagen? Die ständig von diversen Lautsprechern weitergereichten Durchsagen fügen sich übergangslos in die Geräuschkulisse dieser Institution. Vorbei an der kreisrunden Theke, auf dem die Kassen angeordnet sind, die Stationen, die

die Barcode-Zettel registrieren. Vorbei an dem breiten Tresen des Auslieferungslagers, an dem die vorn stehenden Personen einer längeren Menschenschlange ihre in Kartonage verpackten Waren in Empfang nehmen. Mitten durch die Mess-Station, die, direkt am Ausgang stationiert, mittels diverser Pieptöne einen etwaig geschmuggelten Artikel signalisiert. Eine automatisch gesteuerte Glastürschleuse gibt uns lautlos den Weg zum Draußen frei.

Mit diesen gigantischen Hallen, die auch Spielwaren-Discounter genannt werden, und in denen das Angebot buchstäblich lagert, kann ich mich nicht anfreunden. Das liegt nicht allein daran, dass ich meine Zweifel hege, ob sich die von mir angesprochene Erfahrung – jenes Erleben! – tatsächlich inmitten der Stahlstapelregale einstellen kann. Diese meine Abneigung nährt sich auch aus dem, was sich in der Regel hinter den Kulissen jener sogenannten Kinderspielzeug-Paradiese zeigt. So erinnere ich mich noch recht gut an die Rückrufaktionen, zu denen vor einigen Jahren der amerikanische Konzern *Toys „R" Us* gezwungen wurde, weil einige der aus Ostasien importierten *Spielwaren* wegen Schadstoffbelastungen auffällig wurden. Bei diesem Beispiel werde ich es belassen. Hier eine Anklage zu erheben liegt fernab meiner Absicht. Schließlich sind wir es, die Verbraucher, die Derartiges provozieren, ergo ermöglichen und dann nähren.

Gut eine halbe Stunde später befinden wir uns in unserem Spielzeugladen. Der gewisse Zauber, dem sich auch die großen Kinder – die Erwachsenen – kaum entziehen können, entfaltet sich ganz von allein, ja schwebt, so empfinde ich es, leicht über die überaus freundliche Gesellschaft aus Puppen, Teddys und Stofftieren hinweg. Immer wieder erlebe ich sie so, die Illusion einer kindlichen Leichtigkeit, die allein von diesem Ambiente auszugehen vermag. Vor vielen, vielen Jahren als Kind, vor einigen Jahren als Vater mit meinen Kindern, und nunmehr … als Großvater mit den Enkelkindern. Das möchte ich so belassen. Für die Kinder, aber auch für mich. Zumindest so lange wie möglich. Und ja, einen Kinderwagen für die Puppe meiner Enkeltochter, bekommen wir hier selbstverständlich auch. Vier stehen zur Auswahl. Zwei kommen letztlich in die engere Wahl. Für einen entscheiden wir uns, oder, besser gesagt, entscheidet sich die junge Puppenmutter.

Stolpersteine

Der wolkenlose Himmel zeigt sich in einer beeindruckenden Blaufärbung. Die frische, klare Luft erlaubt ihm eine scheinbar grenzenlose Ausdehnung. Eine Weite, die bis tief in die Atmosphäre reicht. Windstille. Nur die seicht rhythmischen Bewegungen in den Wipfeln der großen Bäume, die in den Hinterhöfen wohnen und über die Dächer der Häuser ragen, lassen eine Strömung in den oberen Bereichen erahnen. 19° Celsius zeigte das Thermometer am Eingang der Apotheke an. Eine Temperatur, die ein Frieren nicht zulässt und ein Schwitzen vermeidet. So empfinde ich es.

Eine ausgeglichene Ruhe durchfließt diese Straßen. Keine ablenkenden Geräusche begleiten diesen wunderbaren Morgen auf seinen Weg in den Tag. Ungewöhnlich, für Hamburgs Stadtteil Rotherbaum. Hier, im Viertel rund um die Universität, herrscht für gewöhnlich ein reges Treiben, eine Belebtheit, die pünktlich zur Zeitung- und Brötchenholzeit beginnt und dann über den Tag bis spät in die Nacht hinein anhält. Nicht so an diesem Morgen. Schön. Eine Ruhe – ja Stille, die ich gerne konservieren würde. Ein paar Schritte gehen liegt in meiner Absicht. Einige Minuten schlendern. Ein Zwischenstopp auf dem Weg nach Hause. Hier, in einer der beliebtesten Wohngegenden Hamburgs. Inmitten der alten Mietshäuser aus der Gründerzeit mit ihren kunstvoll verzierten Fassaden. Häuser, die die überaus großzügig geschnittenen Wohnungen erahnen lassen. Die geräumigen Zimmer, mit ihren bis zu dreieinhalb Meter hohen und stuckverzierten Decken.

Ich mag diese Gegend. Nicht zuletzt auch wegen der zahlreichen Restaurants, Kneipen, Buchläden und Einzelhandelsgeschäfte, die sich an diesem Orte noch halten können. Ein Ziel habe ich auch heute nicht. Jedenfalls nicht bewusst. Nein. Ansonsten würde ich meinen kleinen Ausflug auch nicht als Schlendern deklarieren. Heute ertappe ich mich dabei, dass ich hin und wieder auf den Boden blicke und versuche, meine Schritte so zu lenken, dass sie jeweils mittig der Gehwegplatten enden. Das geschieht automatisch. Scheinbar animieren mich die schmalen, quer laufenden Fugen dazu, die jene Platten voneinander trennen. Irgendwie kenne ich das aus meinen Kindertagen. Hier und dort kommen mir Menschen entgegen. Halten eine Zeitung in der Hand oder eine Tüte vom Bäcker. Einige werden, mit einem variierenden Abstand, von einem am Boden schnuppernden Hund verfolgt, der müde und gelangweilt hinter Herrchen oder Frauchen hertrottet.

Die meisten der hier etablierten Boutiquen sind noch geschlossen, die Auslagen in den Fenstern unbeleuchtet. Der Blumenladen hat geöffnet. Fahrräder lehnen zuhauf an den Bäumen. All diese Begegnungen sind mir vertraut, fügen sich mir übergangslos und als willkommene Impressionen in diesen Morgen. Da – eine unerwartete Wahrnehmung direkt vor mir, ja vor meinen Füßen in der Bornstraße und unmittelbar im Eingangsbereich mit der Hausnummer 20, stoppt übergangslos meinen Gang: »Hier wohnte Isidor Selig / JG. 1890 / 1938 Haft im KZ Sachsenhausen / Deportiert 1941 / Minsk / Ermordet«, lese ich vom Boden ab. Die gewohnte Symmetrie der Wegplatten ist hier jäh unterbrochen. Ich blicke auf vier handtellergroße, bündig in den Bürgersteig eingelassene Messingplatten. Die mit deutlichen Konturen in das Messing eingeschlagenen Lettern sprechen mich der Reihe nach an:

»Hier wohnte Lina Selig / geb. Schönthal / JG. 1895 / Deportiert 1941 / Minsk / Ermordet«. Mein Blick streicht über die drei sich anschließenden Granitsteinstufen des Eingangs, wandert zur Haustür mit dem kunstvoll verzierten Klingelknopf-Tableau, hoch zu den Fenstern des Hochparterres, entlang der Fassade des dreistöckigen Wohnhauses. Über dem Dach das schattenlose Blau des Morgens. Zurück zu den beschrifteten Messingplatten am Boden: »Hier wohnte Werner Selig / JG. 1921 / Deportiert 1941 / Minsk / Ermordet«. Eine Brötchentüte knistert. Hinter mir der Schatten einer jungen Frau. Ich stehe mitten auf dem Weg, stehe etwas im Weg. Die Sonne wirft seichte Strahlen der Wärme auf die vier Messingplatten vor mir. Die eingeschlagene Schrift provoziert eine Schattenwirkung, die den Informationen eine Sprache zu verleihen scheint. Doch, ich vernehme es deutlich, ich werde angesprochen:

»Hier wohnte Ernst Selig / JG. 1922 / Deportiert 1941 / Minsk / Ermordet am 22.01.1945 im KZ Flossenbürg«. Das, was ich da wahrnehme, so unvorbereitet, so plötzlich, das ändert den Moment. Nicht die Ruhe dieses Morgens, nein, ich glaube sogar zu merken, dass die Stille zugenommen hat. Hier hat ein Stück von vergangenen Realitäten in der allerersten Reihe meiner Gedanken Platz genommen. Lautlos zwar, aber absolut. Meine Gedanken verselbstständigen sich in ungewohnter Weise. Sie beenden meinen Spaziergang an dieser Stelle. Betroffenheit und Hilflosigkeit werden von Fragen abgelöst. Zeitgleich geschieht das. Langsam wende ich mich ab. Auf dem Rückweg stolperte ich noch über einige dieser Steine. Nicht buchstäblich, was erträglich wäre, nein, mit dem Herzen. Einer flüsterte mir im Vorbeigehen zu: »Hier wohnte Ilse Gutmann / JG. 1937 / Deportiert 1941 / Lodz / Ermordet«. Ein Kind von 4 Jahren.

Hier kann ich nichts mehr tun. Was bleibt, ist die Erinnerung an das Vergessen. Ich habe begriffen. Habe begriffen? Nein. Nein, das kann man nicht begreifen ... Der mir so vertraute Morgen, er will langsam wieder zu mir zurückkehren. Besser gesagt, er bemüht sich darum. Die frische, klare Luft. Der weite, blaue Himmel über Hamburg. Die seicht rhythmischen Bewegungen in den Wipfeln der großen Bäume. Mir ist nun doch etwas kalt geworden. Ich schließe den Reißverschluss meiner Jacke. Mittlerweile ist es nicht mehr ganz so still im Hamburger Stadtteil Rotherbaum. Die Geschäftigkeit hat deutlich zugenommen. Bis zu meinem Wagen werde ich noch, eingehämmert am Boden, von Hilda Gutmann, Emma Cohn, Jenny Pincus, Erna Bruciner, Valentina Bruciner, John Löwenstein, Paula Meyer und Hanna Meyer begleitet. Das darf sich niemals wiederholen, denke ich mir. Zumindest das habe ich verstanden.

Anmerkung: Stolpersteine – mit diesen kleinen Gedenktafeln erinnert der Kölner Konzeptkünstler Gunter Demnig an das Schicksal der Menschen, die im Nationalsozialismus verfolgt, deportiert und ermordet wurden. Ein Stolperstein besteht aus einem würfelförmigen Betonstein mit einer Kantenlänge von zehn Zentimetern, der oberseitig mit einer individuell beschrifteten Messingplatte versehen ist. Gunter Demnig setzt die Stolpersteine, die sich in Deutschland und Europa immer rasanter ausbreiten, zumeist eigenhändig in die Pflaster der Gehwege ein, gewöhnlich an den Wohnorten, die von den Opfern des NS-Regimes zuletzt frei gewählt werden konnten. Mittlerweile haben die über 25.000 gesetzten Stolpersteine (weit über 15.000 allein in Deutschland) das Projekt zum größten dezentralen Mahnmal der Welt deklariert. »Ein Mensch ist erst vergessen, wenn sein Name vergessen ist«, so Demnig. Gegen dieses Vergessen kämpft der Künstler Stein um Stein.

Gestohlene Jugend

Herr Schrander ist 87 Jahre alt und keineswegs ein gefälliger Zeitgenosse. »Die Last des Alters«, sagen seine Nachbarn. Seine Frau, ebenfalls in dem Alter, sieht das anders. »Ach, er war immer schon ein recht schwieriger Mensch«, urteilt sie mit einer gewissen Resignation in der Stimme, »irgendwie ist er einfach nicht in der Lage, sich gebührend auf seine unmittelbaren Nächsten zu konzentrieren.« »Doch, ein fürsorglicher Vater und Großvater ist er stets«, so seine Kinder und Enkel, »das muss man ihm lassen, aber ...«

Auch ich habe Herrn Schrander näher kennen gelernt, habe mich des Öfteren mit ihm unterhalten. Und ja, es ist ganz offenbar, es wird im Umgang mit ihm relativ schnell eine Barriere spürbar, eine Grenze im zwischenmenschlichen Bereich, die einer – ich sage mal – *herzlichen* Annäherung kaum eine reale Möglichkeit bietet. Vermutlich ist es das, was man diesem Menschen vorwirft. So gesehen sei er ein Egoist, sagt man, ein Ehemann, Vater und Großvater, der zwar allzeit und in jeder Beziehung seinen Verpflichtungen gerecht wird, es dennoch aber an spürbarer Warmherzigkeit, ja an wahrer Liebe eben, fehlen lässt. So, oder ähnlich so das Urteil, oder besser gesagt die Verurteilung seitens der Personen, die den Menschen Harald Schrander kennen, oder zumindest glauben, ihn zu kennen. Klar, so gesehen ist alles ganz leicht verständlich. So gesehen ist das der Fall. Ein komplizierter Mensch. Ein Egoist. Punkt.

Hin und wieder ergab es sich, dass Herr Schrander mir von seiner Jugend erzählte, von dem Stadtteil Hamburgs, in dem er aufwuchs, von der großen, geräumigen Wohnung in der dritten Etage. In der Regel waren es immer dieselben Geschichten, die ich zu hören bekam. Wie in Trance, so schien es mir in solchen Situationen, erzählte er dann, erinnerte sich an seine Eltern, an die Mutter, die ihn etwas verwöhnte, an den Beruf seines Vater. Dass er im Alter von gerade mal achtzehn Jahren nicht nur am Rande mit den verheerenden Folgen des Zweiten Weltkrieges konfrontiert wurde, sondern bereits ein aktiver Teil jenes Wahnsinns war, das fand in seinen Geschichten zwar ebenfalls Erwähnung, aber, und das war auffällig, immer nur sehr beiläufig. Hier, genau an dieser Stelle, wurden einige Begebenheiten ein-, wieder andere ausgeklammert. Nicht etwa, dass es das Ergebnis einer gezielt konstruierten wie konsequent geübten Strategie war, nein, den Eindruck hatte ich nie.

So mit der Zeit allerdings habe ich dann doch einiges aus jenen Tagen während des Krieges erfahren. Erwähnungen, Gedankenfetzen von ihm, die sich mir so nach und nach, wie bei einem Puzzle, zu einem Bild formierten. Jedenfalls habe ich es so empfunden. Ein fürwahr schreckliches Bild, das sich mir auf diese Weise bot, ein Einblick, der sich sogleich und unbeirrt in der vordersten Reihe meines Erinnerungsvermögens einen Platz gesucht hat ... Im Jahre 1942, als die diktatorische Herrschaftsform Hitlers ihren militärischen Zenit erfuhr, kämpfte Harald Schrander als Soldat an vorderster Front. Der Russlandfeldzug benötigte jeden Mann, so hieß damals die Parole, und für den Krieg hatte ein Achtzehnjähriger gefälligst ein Mann zu sein, hatte gehorsamst Menschen totzuschießen, beziehungsweise sich totschießen zu lassen. All die Gräueltaten, die üblicherweise mit jedem Krieg einhergehen, die waren die Begleiter des *Mannes* Harald Schrander.

Anfang August des Jahres 1943 bekam Harald Schrander für vier Tage Fronturlaub. Die Royal Air Force hatte im Rahmen der Operation Gomorrha die Stadt Hamburg bombardiert, und in der Nacht vom 27. auf den 28. Juli 1943 den Stadtteil Rothenburgsort nahezu völlig zerstört. *Sein* Stadtteil wurde im Feuersturm dem Erdboden gleichgemacht, sein Zuhause. Nun stand er da, inmitten einer flächendeckenden, unüberschaubaren

Ansammlung von Trümmern, und zwar direkt dort, wo er meinte, in dem monströsen Berg aus Steinen, herausgerissenen Türen und Fenstern die Überreste des Hauses zu erkennen, in dem sich die elterliche Wohnung befand. Wie ich Harald Schrander verstanden habe, ist er dabei gewesen, als man noch einige der bis zu Unkenntlichkeit verstümmelten und verbrannten Leichen aus diesem Trümmerhaufen barg. Zwei schwarz verkohlte, geschrumpfte Körper waren unter ihnen, in denen er glaubte, seine Eltern erkennen zu können.

Kann denn ein Mensch überhaupt derartige Erlebnisse verarbeiten beziehungsweise sie so in dem Bereich der eigenen Psyche integrieren – wie auch immer das gehen soll –, dass das, was man ein normales Leben nennt, überhaupt noch im Rahmen des Möglichen liegt? Ich wage das doch sehr zu bezweifeln. Jedenfalls liegt es völlig jenseits meines Vorstellungsvermögens. Ist es denn nicht vielmehr so, dass sich all die brutalen Grausamkeiten, das Töten von Männern, Frauen und Kindern, die Vergewaltigungen, die Liquidierungen ganzer Dörfer und Städte, und das sind nun mal die Spielregeln des Krieges, dass sich diese Erfahrungen fest und unauslöschlich in die menschliche Seele brennen – ja sich dem Betroffenen über das Erinnern immer und immer wieder als Film präsentieren. Ich mag hier kein Fragezeichen setzen. Nein, der Krieg hat einen langen Atem, seine zerstörerische Kraft, die ist mit der Beseitigung von Trümmern längst noch nicht gebannt.

Heutzutage spricht man von traumatisierten Soldaten, und Psychiater stehen bereit, wenn sie aus den Kriegsgebieten heimkehren. Das ist eine relativ neue Maßnahme. Was die Generation betrifft, der Harald Schrander angehört, so wurde das in jener Zeit anders gehalten. Gleich nach dem Ende des Zweiten Weltkrieges ging der Soldat zur Tagesordnung über. So wurde aus dem Gefreiten Harald Schrander übergangslos der Maschinenschlosser Harald Schrander. Sein Körper orientierte sich fortan an die Abläufe, die das Leben zu Friedenszeiten bietet und fordert, seine Seele aber, die war noch lange im Krieg. Als Ehemann, Vater und Großvater, gab er, was er geben konnte, gab er alles, was er hatte, gab er, was ihm der Krieg noch ließ. Ja, und es stimmt tatsächlich, er ist ein recht komplizierter Mensch, einer, der sich nicht gebührend auf seine unmittelbaren Nächsten konzentrieren kann, einer, der eine herzliche Annäherung kaum zulässt.

Schönes Wochenende

Samstagnachmittag. Alle vier Türen des VW Passat sind weit geöffnet, die Heckklappe ebenfalls. Das monoton schallende Geräusch eines Staubsaugermotors mischt sich aufdringlich in den Gesang von Roland Kaiser. Herr Stukenbrock, einer meiner etwas entfernteren Nachbarn ein paar Häuser weiter, hat sich unmittelbar im Bereich des Fahrersitzes kniend positioniert und ist scheinbar voll und ganz auf die Reinigung des Innenraumes konzentriert. Das heißt, ich nehme stark an, dass es sich um Herrn Stukenbrock handelt, beschwören könnte ich es nicht.

Nein, wie sollte das gehen? Allein sein verlängerter Rücken, eingepackt in einem ballonseidenen Trainingsanzug, ragt aus dem Wagen. Aber doch, er wird es wohl sein. In der Regel zeigt er sich an jedem Samstag – manchmal Sonntags – so. In Richtung Carport einen kurzen Gruß zu erbieten, ist mir auch heute kaum möglich. Weder den Sauger noch Roland Kaiser möchte ich übertönen. Im Vorbeigehen und aus dem Augenwinkel zeigt sich mir noch eine Ansammlung dunkelblauer Fußmatten, die direkt hinter meinem Nachbarn fächerförmig im Halbkreis auf dem Boden liegen. Das leuchtende Kirschrot des *adidas*-Outfits – oder ist es von *Puma*? – spendet dieser Wochenendbeschäftigungslandschaft einen auffälligen Kontrast. Wie immer dem sei: Wenn das künftig immer so weitergeht, denke ich mir, ja dann müssten die Bodenbleche jenes Fahrzeugs bald durchgescheuert sein.

Zwei Häuser weiter wird ebenfalls fleißig gearbeitet. Der ältere Herr, der dort auf der Anlegeleiter stehend seine Dachrinne säubert, der ist mir zwar nicht namentlich bekannt, aber auch ihn sehe ich an nahezu jedem Wochenende mit derselben Tätigkeit beschäftigt. Mittels besagter Leiter stets irgendwo an seinem Gemäuer hängend, widmet er sich auffallend gerne den Blättern, die vorwiegend im Herbst so nach und nach von den Bäumen rieseln. In der linken Hand die Schaufel und in der rechten Hand einen Eimer, sieht man jenen Zeitgenossen dann das Laub aus der Rinne hebeln – besser gesagt, man hört es. Ja, so ist das nun mal, wenn Blech über Blech gezogen wird. Was mich auf meinen Spaziergängen durch das Dorf immer wieder stutzig macht, ist nicht allein die hier zu beobachtende Hingabe, vielmehr erstaunt mich stets erneut, dass die besagten Bäume an dieser Stelle anscheinend das ganze Jahr über Blätter verlieren.

Meine unmittelbare Nachbarschaft kommt mir gerade in den Sinn. Rund zehn Jahre wohnen wir, mit einem Abstand von gut acht Metern, Haus an Haus. Eine nette Familie, das kann ich nur sagen. Mann, Frau, drei Kinder. Aufgrund der Tatsache, dass mein Nachbar sich beruflich stark engagiert, sehe ich ihn von Montags bis Freitags recht selten. Jenes Manko gleicht sich allerdings in den zwei Wochenendtagen sofort wieder aus. Zweifellos lässt sich das so beurteilen. Samstags/Sonntags zeigt er sich in sämtlichen Ecken seines Gartens. Emsig beschäftigt mit Vertikutieren, Mähen, Schreddern und Sägen, sieht man ihn nun, und das so gut wie pausenlos, von allen Seiten. Wie es scheint, und ich vermute, es verhält sich real so, ist dieser Mensch nicht in der Lage, (s)eine Brücke zwischen Arbeit und Entspannung zu finden. Klar, er versteht das anders. »Die Tätigkeiten entspannen mich«, höre ich ihn sagen, »nur so kann ich überhaupt noch abschalten!«

Sollte das eine Logik bergen, so will sie sich mir nicht erschließen. Einverstanden, der Garten fordert seine Pflege, und natürlich will das Kaminholz auf die richtige Länge gebracht werden, das ist mir klar. Aber wenn all diese Arbeiten verlässlich allein am Wochenende ihre Erledigung finden, ausnahmslos wie permanent samstags oder sonntags, ja dann komme ich schon ins Grübeln. Ebenso ist es mir geheimnisumwittert, wie es angehen kann, dass es ausgerechnet für solche Beschäftigungen, die bekanntlich mit außerordentlich viel Lärm verbunden sind, durchgehend ein Motiv gibt. Kaum ragen die ersten Halme knapp aus dem Boden, schon schiebt mein Nachbar seinen Vertikutierer über das zarte Grün. Spätestens ab März wird dann pausenlos gemäht und gehäckselt. Und ja, selbstverständlich lässt sich jener Enthusiasmus nur ungern von den Mittags- und Kaffeetrinkzeiten bremsen. Eher nicht.

»Des Menschen Wille ist sein Himmelreich«, so der deutsche Schriftsteller Johann Jakob Wilhelm Heise vor bereits über 200 Jahren, und jene Erkenntnis erklärt mir tatsächlich einiges. Nein, auch wenn man hier durchaus von Lärmbelästigung sprechen darf, und mittlerweile dürfte es sich herumgesprochen haben, wie gesundheitsschädlich Lärm sein kann, ändern wird sich da nichts. Diesbezüglich ist ein jeglicher Hinweis unerwünscht. Eindeutig! Jede Kritik, und sei sie noch so berechtigt – und freundlich – vorgetragen, wird in der Regel pauschal abgelehnt, ja mündet gerne darin, dass der Kritisierte den Kritiker fortan eigentlich nicht mehr grüßen mag. Ergo lasse ich das lieber. Vielleicht verspürt besagter Wochenend-, Haus- und Gartenheimwerker ja künftig selbst ein Verlangen nach etwas mehr Ruhe. Auf Einsicht hoffend, nehme ich bis dahin das hin, was eben nicht zu ändern ist.

Was die Natur betrifft, so zeigt sich dieser Frühlingstag im April wirklich von seiner besten Seite. Es ist immer wieder überwältigend schön zu sehen, mit welchen prachtvollen Farben der Lenz seine Bilder malt ... Mein kleiner Rundgang neigt sich so langsam dem Ende zu. Der ältere Herr, er steht zwar immer noch auf seiner Anlegeleiter, widmet sich nunmehr aber ganz offensichtlich einer anderen Aufgabenstellung: Das Vordach seines Hauses wird von den Spuren befreit, die die Natur dort zu hinterlassen pflegt. Die Düse – oder sagt man besser Handspritzpistole? – des Hochdruckreinigers zielsicher auf die Schindeln gerichtet, flieht der ungewünschte Belag explosionsartig in alle Richtungen. Pulsierend bellt der gelbe Kompressor seinen Druck (100 bar ?) auf das Moos, das es sich zwischen den Ritzen und Fugen gemütlich gemacht hat. In regelmäßigen Abständen werden Leiter nebst Mann vom feinen Nebel des Spritzwassers eingehüllt.

So wie es aussieht, hat Herr Stukenbrock sein Wochenend-Pensum ebenfalls noch nicht erreicht, das leuchtende Kirschrot seines ballonseidenen Trainingsanzugs klemmt zurzeit zwischen Heckklappe und der leergeräumten Wanne des Hecks. Die Ecken und Winkel des Kofferraums werden vermutlich abgesaugt. Diesmal ist es nicht Roland Kaiser, der vom dröhnenden Motorengeräusch begleitet wird, sondern Ernst Mosch mit seinen Egerländer Musikanten. »Gut«, denke ich mir, »das passt indes zusammen.«

»Moin!« Kurz vor meiner Haustür und über den Gartenzaun hinweg begrüßt mich mein (unmittelbarer) Nachbar mit freundlicher Stimme. In der einen Hand einen Stecker und in der anderen eine Kabeltrommel, ist er soeben im Begriff, eine kleine Handflex mit Strom zu versorgen. Die drei seitlich vor ihm abgestellten Gehwegplatten aus Beton lassen keine Frage bezüglich seines Vorhabens aufkommen: Hier muss wieder einmal der Gartenweg den allerneuesten Ideen angepasst werden. »Moin!«, rufe ich ebenso freundlich zurück und bleibe stehen. Wie in solchen Situationen gewohnt, wechseln wir ein paar Worte miteinander, sprechen über dies und über das und natürlich kurz über das Wetter. Als ein sicheres Zeichen, dass ich, was mich betrifft, das Gespräch nun gerne beenden möchte, schließe ich meine Tür auf. Bei einem Glas Wein und mit einem Buch beabsichtige ich auf meiner Terrasse noch etwas die Sonne zu genießen. Mein Nachbar hat die Geste verstanden. »Schönes Wochenende!«, ruft er mir noch zu, während ich mein Haus betrete.

Wer nicht mit der Zeit geht, geht mit der Zeit

Wer nicht mit der Zeit geht, geht mit der Zeit, so eine bekannte Redewendung, und rein oberflächlich betrachtet mag der Grundgedanke jener Formulierung in dem einen oder anderen Falle durchaus zutreffen. Allerdings muss ich an dieser Stelle eingestehen, dass sich mir immer wieder Erscheinungen vorstellen, Neuerungen unserer fortschrittlichen Zeit, die mich kaum zu einem Mitgehen motivieren können, nein, eher nicht. In dem Zusammenhang denke ich – um ein Beispiel zu benennen – an die Tatsache, dass man irgendwann dazu überging, aus einem Filmtheater gleich mehrere Filmtheater zu konstruieren.

Ein schrecklicher Einfall, wie ich meine. Ein Schritt, der nicht allein der Dolchstoß für das althergebrachte Kino war, ergo für ein gutes Stück Kulturtradition, sondern einhergehend mit diesem *Fortschritt* haben wir der Hektik, die ganz unbestritten immer autoritativer den Takt unseres Daseins angibt, einen weiteren Freiraum zugebilligt. So meine Meinung. Rein profitorientiert betrachtet war es ein Schritt in die richtige Richtung, anstatt aus einem einzigen Filmtheater mit rund 500 Sitzplätzen einen Standort zu fügen, der nunmehr mehrere tausend Sitzplätze auf sechs, acht oder gar mehr als zwanzig Säle verteilt, das wird niemand bestreiten. Aber die Frage sei doch erlaubt, ob sich denn stets und ständig alles allein um den Profit, um die Ausbeute drehen muss. Anbei, der Begriff Ausbeute ist hier gut platziert. Hat denn auf der Waagschale der Wertigkeiten das Althergebrachte überhaupt kein Gewicht mehr?

Es liegt noch gut in meiner Erinnerung, das Kinogebäude, in dem man sein Billet gleich am Eingang an einer kleinen Kasse erwarb, durch ein mehr oder weniger großes Foyer schritt, den Saal betrat und es sich auf einem der zugewiesenen Sessel bequem machte. Die Leinwand war hinter einem schweren, dezent angeleuchteten Vorhang verborgen, und bis zum Beginn der Vorstellung wurde eine unaufdringliche, zumeist rein instrumentale Musik eingespielt. Bis zum Filmbeginn konnte man sich im Foyer an einem Tresen die eine oder andere Süßigkeit kaufen. Die Musik verstummte, das Licht wurde heruntergedimmt, zeitgleich der Vorhang geöffnet, und die Ewigkeit einiger Sekunden spendete eine angenehme Stille. Und ja, in der Regel war das Naschwerk so verpackt, dass seine Entnahme von möglichst wenigen Knistergeräuschen begleitet wurde. Eine Vorkehrung, die während der Vorstellung eine gewisse Ruhe sicherte.

Sie haben wohl auch ihre Vorzüge, die Einrichtungen, wie da sind »United Cinemas International« (UCI) und »CinemaxX«, und jene Multiplex-Kino-Ketten nun zu verteufeln, das liegt fernab meiner Absicht, aber sie haben so einige Gegebenheiten in ihrer Begleitung, die ich als recht unangenehm empfinde. Mal ganz abgesehen von den riesigen Betonburgen, in denen diese Giganten der Filmvorführungsbranche ihre Leinwände installieren – denn das liegt in der Natur der Sache, wenn man mehrere tausend Menschen zusammenpferchen will – erlauben mir auch manche der internen Erscheinungen nicht, dass ich mich dort wohlfühle. Wenn ich beispielsweise an die monströsen Kassentresen denke, an denen sich nicht selten mehrere unüberschaubar lange Menschenschlangen bilden, an die damit ganz zwangsweise verbundene Geräuschkulisse, die jene Menschenmassen-Komprimierung mit sich bringt, ja dann formiert sich ein Umstand, den ich nicht erleben mag.

Auch kann ich mich nicht mit den »Essgewohnheiten« anfreunden, die mittlerweile und gerade in den besagten Häusern gang und gäbe sind, mit dem Konsumieren von Speisen und Getränken, und zwar annähernd ununterbrochen und parallel zum Film. Wenn links von mir aus einem riesigen Pappeimer gepuffter Mais gegriffen wird, Popcorn, das sich auch gerne mal, hin und wieder aus dem Munde des Genießers fallend, im unmittelbaren Bereich meiner Füße breit macht, und rechts von mir knochentrockene Nachos in eine lauwarme Käsesauce gedippt werden, ja dann will mir die Konzentration auf die Botschaft des Filmes nicht mehr gelingen. Die Coca-Cola, die um mich herum und mittels dicker, bunter Halme aus ebenso bunten Pappbechern (mit bis zu 0,5 Liter Inhalt) schlürfend gesogen wird, die rundet die Kino-Begleit-Fressorgie vollendet ab. Allerdings werden die Filme meistens in einer Lautstärke präsentiert, die diese Geräusche weitestgehend übertönen.

Nein, weder die seitens der Betreiber ab und an präsentierte Lasershow-Einlage, die mit der Werbung korrespondierend eingeblendet wird, noch das Werbeprogramm überhaupt kann diese meine Abneigung schmälern. Das Gegenteil ist tatsächlich der Fall. Jene durch den Raum und über die Köpfe der Zuschauer hinweg gebeamten Beleuchtungseffekte, die erwarte ich eher im Disneyland als Attraktion kurz vor Einbruch der Dunkelheit als in einem Filmtheater, und die Tatsache, dass, bevor der Hauptfilm anfängt, die Kinowerbung nicht selten für die Dauer einer Dreiviertelstunde anberaumt wird, die betrachte ich fürwahr als eine Zumutung, die ihresgleichen sucht. Klar, zu dem einen oder anderen Filmstreifen kann solch ein Szenario sehr wohl passen, und auch wenn ich das hier natürlich nicht ohne Ironie anmerke, so ist diese Aussage dennoch in sich schlüssig – aber lassen wir das.

Wer nicht mit der Zeit geht, geht mit der Zeit, da ist was dran. Irgendwann ging man dazu über, aus einem Filmtheater gleich mehrere Filmtheater zu konstruieren, und nun ist aus dieser rein kommerziell orientierten Geschäftsidee ein Titan entwachsen, der so ziemlich alle herkömmlichen Filmtheater plattgetreten hat. Vereinzelt gibt es sie noch, die kleinen, eher privat geführten Kinos, und dank einiger Menschen, die diesbezüglich eben nicht mit der Zeit gehen, wird das wohl noch einige Jahre so bleiben können, ich hoffe das jedenfalls sehr. Nicht zuletzt die Gewähr, dass in solchen Kinos zumeist sorgsam ausgewählte Filme eine gewisse Qualität sichern – jedenfalls verhält es sich in den mir bekannten Fällen so –, nährt hier meine Zuversicht. Und wenn sich auch in diesen Lichtspieltheatern eine bestimmte Angleichung abzeichnet, eine, ohne die ein Überleben nicht möglich wäre, so halten sie dennoch eine erholsame Distanz zu dem besagten Geist der Zeit.

Die Republik kocht

In den jüngst vergangenen Jahren ist wohl kaum ein traditioneller Beruf so in den Vordergrund gerückt worden wie der des Kochs. Zumindest in unseren Breitengraden ist das der Fall. Was seitens des gemeinen Volkes, voran der Herren der Schöpfung, zuvor eher höflich ignoriert wurde, wird nunmehr auf ein allseits grell angeleuchtetes Podest gehoben. Jeden Tag bieten uns die verantwortlichen Fernsehprogrammgestalter gleich mehrere Sendungen an, deren Inhalte nichts anderes als das Zubereiten von Speisen thematisieren. Das Kochen ist »in«! Daran gibt es keinen Zweifel.

Überall treten sie auf, die Koch-Gladiatoren der Republik. Sie rühren, allein oder in der Gruppe, in den Töpfen und Pfannen, die Sterneköche der Nation. Hier sind sie exklusiv unter sich am zelebrieren, und dort darf sich ein erwählter Autodidakt an ihre Seiten stellen. Alles wird temporär zur TV-Küche umfunktioniert. Allzeit ist ein Kamerateam beim Abschmecken, Würzen und Servieren dabei. Sie blanchieren, degressieren und gratinieren ohne eine erkennbare Grenze. Hier in den Studios und Sälen der Sender, da in der Tür wie vor der Tür, und dort in fremden Häusern und Wohnungen, ja selbstverständlich auch in und an einem U-Boot der Marine. Sie kochen selbst oder lassen kochen. Mal ist allein das geschmackliche wie optische Resultat der Herd-Bemühungen ausschlaggebend, und dann wieder ausschließlich und real auf die Sekunde genau die Zeit, in der das Zubereitete der geladenen Jury präsentiert werden kann.

Obesnun »DieKüchenschlacht« oder »Lafer!Lichter!Lecker!« ist, ob es nun »Die Küchenchefs« sind, oder der »Sternekoch für einen Tag« ist – wir können (müssen) von morgens bis abends durch das Schlüsselloch der TV-Mattscheibe einen Blick in die verschiedensten Küchen werfen, ja dürfen sogar dem einen oder anderen sogenannten Sternekoch in seine vielen blanken Edeltöpfe schauen. Hier ist es »Das perfekte Promi Dinner« und dort »Polettos Kochschule«. Ja, und längst schon scheinen sie mit zur Familie zu gehören: der kochende Lanz und der bratende Mälzer. Was mich betrifft, ich halte nicht viel von dieser Kochshow-Sendungen-Tsunami-Flut, wenn ich das mal so sagen darf, und das, obwohl ich mich selber seit vielen Jahren als recht aktiver Freizeitkoch am heimischen Herd zeige. Nein, ich mag es nicht besonders, wenn man die Bedürfnisse Essen und Trinken beziehungsweise das Zubereiten von Speisen, inflationär auftreten lässt.

Es interessiert mich nicht, was der eine oder andere Schlagersänger oder Nachrichtensprecher – irgendeine Berühmtheit ist meist zugegen – nun beim Flambieren, Tranchieren und Legieren für eine Figur macht, und allein schon deshalb nicht, weil es mir das Fernsehen täglich mehrfach krampfhaft zu vermitteln sucht. Diese Art des Kochens ist mir zu profitorientiert, ist mir zu sehr an dem vorbei, was ich der Leidenschaft Kochen abgewinnen möchte. An dem hier von mir beklagten Zustand ist weder Koch noch Küche schuld, das trifft es nicht. Die Tatsache ist es, dass alles, aber auch wirklich alles auf die Wiesen der Medienlandschaft gezerrt und bis zum Platzen aufgepumpt wird, was sich halbwegs gut vermarkten lässt. Für mich gilt: Es stört mich zwar nicht, dass mir innerhalb meines Bekanntenkreises kaum noch ein Mann bekannt ist, der sich nicht, per TV angeregt, zumindest an den Wochenenden stracks zum Gourmetkoch emporschwingt, dennoch lasse ich mich weiterhin anderweitig inspirieren.

Hier ist der Ausdruck Übersättigung passend platziert, so meine Meinung, und das auch im erweiterten Sinne. Und ist es nicht so, dass der Übersättigung in der Regel eine gewisse Übelkeit folgt? Vielleicht bin ich in dieser Hinsicht zu anachronistisch, das mag sein. Das ziehe ich durchaus in Betracht. Ich greife tatsächlich noch zum guten alten Kochbuch, ja, und gerne nehme ich den einen oder anderen Vorschlag aus dem Freundeskreis entgegen. Ein von Hand geschriebener Zettel ist stets willkommen. Die Tipps und Anregungen, die aus diesen Quellen sprudeln, die reichen mir weiterhin völlig aus. Ihnen werde ich des Weiteren die Treue halten. Kochen, ja, das schon, aber bitte nicht zeitgleich und gemeinsam mit der gesamten Republik.

Das war nun eine kollektive Verdammung der TV-Kochsendungen, einhergehend mit einem Plädoyer für Rezeptsammlung & Kochbuch? Nein. Natürlich nicht. So möchte ich keinesfalls verstanden werden. Vielmehr möchte ich zu bedenken geben, dass wenig manchmal mehr sein kann. Das wird allzu oft in unserer schnelllebigen Zeit vergessen. Leider verhält es sich so. Bezüglich der Weitereichung von Koch- und Küchentipps will und werde ich das Medium TV auch künftig nicht konsequent ausklammern. Das wäre mir dann doch etwas zu verbissen. Ich möchte mich an dieser Stelle nur nicht von diesem gezüchteten Giganten überrennen lassen, und das womöglich noch an einem meiner letzten Zufluchtsstätten – möglicherweise am heimischen Gasherd meiner Küche.

Mein Name ist Sabine Müller

»Mein Name ist Sabine Müller – was kann ich für Sie tun?«, flötet mir eine monoton freundliche Stimme ins Ohr. In der einen Hand das Telefon und in der anderen den Zettel mit den vermutlich für die kommenden Minuten relevanten Daten, befinde ich mich gerade in der Situation, mein Glück zu versuchen. Eingedenk der Tatsache, dass ich hier mittels einer relativ teuren Telefonverbindung kommuniziere, bin ich vorbereitet: Kundennummer, Produktbezeichnung, Seriennummer, Kaufdatum und natürlich eine stichwortartige Zusammenfassung meines ursächlichen Problems habe ich mir vorsorglich notiert.

»Es geht um das seitens Ihrer Firma gelieferte EHO 1001C WLAN Modem O260. Es funktioniert nicht, und ich benötige einen Service«, lautet meine zuvor festgelegte Antwort. »Können Sie mir diesbezüglich weiterhelfen?« Mein Blick ist fest auf den Spickzettel gerichtet. »Haben Sie Ihre UBH-Nummer und die FIP-Teilenummer parat?« Das geben die Notizen auf meinem Zettel nicht her. Mit diesen Fragen habe ich real nicht gerechnet. Sabine Müller hingegen schon. »Notfalls geht es auch über die sechsstellige WP-Bestellnummer, sie befindet sich auf der Rückseite des Geräts.« Mein Problem scheint zu expandieren. »Das Gerät ist doch fest auf die Wand montiert, ergo komme ich momentan an die geforderte Nummer nicht ran. Können wir auf diese Angaben wirklich nicht verzichten?«

»Moment. Bleiben Sie dran. Ich verbinde weiter.« Sabine Müller kann nichts für mich tun. Nicht das Geringste.

Die Weiterschaltung warte ich nicht ab. Nunmehr um die Erkenntnis reicher, dass ich doch nicht so gut vorbereitet bin, wie ich noch bis vor wenigen Sekunden dachte, lege ich auf. Welche Nummern werden gefordert? Wenigstens das hätte ich noch schnell erfragen sollen. Wie auch immer, nun ist es zu spät. Sie gefällt mir ganz und gar nicht, diese Form der Kommunikation, wenn man diese Bezeichnung für das, was einem da geboten wird, überhaupt wählen darf. Das kenne ich noch anders. Ganz anders. Es ist noch gar nicht mal so lange her, da rief der Kunde per Telefon im Sekretariat einer Firma an und teilte dergestalt den Inhalt seiner gewünschten Serviceleistung mit. Wurde die getroffene Verabredung nicht zufriedenstellend bearbeitet, dann wurde erneut miteinander gesprochen und entsprechend gehandelt. Mit der einen oder anderen Problemstellung einhergehend, verfügte man über gütliche Möglichkeiten der Verständigung.

Heute erreicht der Kunde über eine 0180er-Hotline-Telefonnummer irgendein Call Dispatch, das sich in irgendeinem Teil unseres Erdenrunds befindet, und versucht sein Anliegen gegenüber irgendeiner, in aller Regel nicht fachkundigen Person zu formulieren. Klappt jene so anberaumte Transaktion im Ergebnis nicht, so wendet sich der zwangsweise unzufriedene Kunde erneut an das Call Dispatch, erreicht entweder niemanden – oder zumindest nicht den ursprünglichen Gesprächspartner – und artikuliert nochmals sein Problem. Das Nichterreichen wird mit einem Anrufbeantworter überbrückt, der so etwas wie »Beethovens Neunte auf dem Xylophon« im Angebot hat. Intern wird der Vorgang, zusammen mit ähnlichen Fällen, zwischenzeitlich von einem Supervisor aufgenommen und im Rahmen eines Jour Fixe an einen 4th Level Manager weitergereicht, der umgehend ein Eskalationsprozedere einleitet.

Das besagte Problem des Kunden (hier ist, wie gesagt, vom Endverbraucher die Rede) ist und wird natürlich nicht erledigt. Und nicht nur das, es befindet sich auch längst nicht mehr in den Erinnerungsgemächern der Firmenleitung. Nein. Letzteres ist nämlich allein schon deshalb nicht möglich, weil es stets und ständig mit den internen Abläufen kollidiert, sich ergo eindeutig als nicht systemkompatibel – ergo als Störfaktor erweist. Dessen ungeachtet ist in dem Zusammenhang vielleicht noch erwähnenswert, dass jene Manager selbstverständlich stets und ständig an dem Stand der Customer-User-Zufriedenheit interessiert sind (und hier nun stehen die Großhändler im Mittelpunkt), und so sollte es niemanden wundern, dass für diesen Kreis in regelmäßigen Abständen ein User Meeting anberaumt wird, bei dem dann diese Händler den für diesen Bereich zuständigen Account Managern ein Feedback geben.

Indes installiert im Rahmen einer Brainstorming-Telefon-Konferenz der 1st Level Manager des Konsortiums einen Arbeitskreis, der sich ohne Delay Time um die neuen Hochglanz- Werbeprospekte mit der klingenden Überschrift One-face-to-the-customer kümmern soll – um es mal etwas überspitzt auszudrücken. Was letztlich dabei herauskommt, ja, das behauptet sich dann stur steif im Vordergrund: »Guten Tag und herzlich willkommen bei ...« – »Bitte halten Sie Ihre Kunden- oder Vertragsnummer bereit.« – »Sie können das folgende Menü ... Wenn Sie mit der Tonwahl arbeiten möchten, drücken Sie bitte jetzt eine beliebige Taste auf Ihrem Telefon.« – »Haben Sie eine Frage bezüglich ... dann drücken Sie die 1. Haben Sie eine Frage bezüglich ... dann drücken Sie die 2.« – »Leider sind zurzeit alle Leitungen besetzt.« – »Der nächste freie Mitarbeiter wird Sie gerne bedienen.« – »Mein Name ist ... was kann ich für Sie tun?«

Nein, diese Sabine Müllers, die können im Ansatz nicht das Geringste für den hilfesuchenden Anrufer tun. Zumeist erweisen sich jene Anlaufstellen einerseits so ahnungslos wie ein Meter Feldweg aus der Oberammergauer Gebirgslandschaft, und andererseits eher als Hürden denn als Brücken. Klar, auch an dieser Stelle bestätigt die rühmliche Ausnahme die desillusionierende Regel. Aber, meine Gedanken entfernen sich von der eigentlichen Problemstellung, ich schweife ab. So, nun aber das EHO 1001C WLAN O260 von der Wand schrauben, die sechsstellige WP-Nummer notieren, und dann erneut über das Call Dispatch ...

Fisch in Weißweinsauce

»Der Mensch, ist was er isst«, so der deutsche Philosoph Ludwig Andreas Feuerbach vor über anderthalb Jahrhunderten, und auch wenn er seine indessen berühmt gewordenen Worte sicherlich nicht klar und deutlich an die damaligen Hobby- und Freizeitköche richtete, so fühle ich mich als ein solcher von dieser Stellungnahme dennoch angesprochen. Das gebe ich hiermit unumwunden zu. »Der Mensch ist, was er isst« – spätestens dann, wenn ich auf meinem Einkaufszettel die Zutaten für (m)ein Gericht zusammenstelle, sitzt dieser Satz für einige Sekunden in vorderster Reihe meiner Abwägungen.

Nicht etwa, dass mich diese zwar flüchtige, aber stets wiederkehrende Erfahrung stört, dass ich sie als lästig erachte, diese Erinnerung. Das kann ich nicht sagen. Ich habe mich inzwischen an das Abwägen gewöhnt, stehe ihm mittlerweile dankbar gegenüber. Nein, ich kann nicht anders. Wenn ich daran denke, wie wir Menschen mit den Tieren umgehen, mit den Lebewesen, die wir in unserer Nahrungskette als Lieferanten einsetzen, dann bekommen meine auf dem Zettel notierten Zutaten einen Stellenwert, der eben nicht allein von dem zu bezahlenden Preis geprägt wird. Denke ich an die sogenannte Massentierhaltung, an die Art und Weise, wie wir, um ein Beispiel zu nennen, ohne mit der Wimper zu zucken Hühner auf engstem Raume dahinvegetieren lassen, und das allein um einen wirtschaftlichen Ertrag auf das allerhöchste Niveau zu puschen, ja dann sind meine Einkaufsnotizen das Ergebnis jener Überlegungen.

Rufe ich mir als Konsument in Erinnerung, wie wir Menschen Puten, Enten und Gänse zu Produktionseinheiten degradieren, sie nicht selten akkurat geplant einer völlig falschen Ernährung aussetzen, ja ihre haltungsbedingten Leiden billigend in Kauf nehmen, sie ergo bewusst quälen, und das allein, um für unsere Agrarfabriken den größtmöglichen finanziellen Gewinn zu beschaffen, dann ist es mir nicht möglich, jene Gangart allein um des Sparens willen zu unterstützen. In dem Zusammenhang kann ich auch die Tatsache nicht verdrängen, dass wir Menschen die natürliche Lebenserwartung eines Kalbes, das als Kuh herangewachsen rundweg 20 Jahre auf dieser Welt leben könnte, auf nur einige Wochen und Monate reduzieren, indem wir diese Jungtiere kurz nach ihrer Geburt schlachten, und das allein, um ein feinfaseriges, hellrosa Fleisch für unsere Wiener Schnitzel zu bekommen.

Auch wird es dem einen oder anderen Verbraucher nicht entgangen sein, dass der vom Handel günstig angebotene Viktoria-Barsch das Produkt einer gezielt unnatürlichen Züchtung ist, die katastrophale Konsequenzen zeitigt. Längst hat auch der verantwortliche Kommerz begriffen, dass der Nilbarsch (so sein eigentlicher Name) ursprünglich in anderen Gewässern beheimatet ist, und dass die Missachtung dieser Tatsache ungeahnte Folgen zeitigt. Das allerdings viel zu spät. Eben diese, in den 60er Jahren allein aus wirtschaftlichen Interessen heraus im ostafrikanischen Viktoriasee veranlasste Fischaussetzung, hat desaströse

Folgen. Letzteres sowohl für die Fauna im See als auch für die Ökonomie am See, für die dort beheimateten Menschen. Nein, auch dieser rein vom Geschäftsverkehr gesteuerte Eingriff, wo die Massentierhaltung einmal mehr die Natur ersetzt, ist alles andere als vertretbar. Bei diesen Beispielen belasse ich es.

Vielleicht denken wir daran, wenn wir auf unserem Einkaufszettel die Zutaten für unser nächstes Rezept anordnen. Vielleicht erinnern wir uns dann für einige Sekunden an das abartig gehaltene Mastgeflügel, an das kleine Kälbchen, das eigentlich eine Kuh werden möchte, und an den widernatürlich gezüchteten Viktoria-Barsch. Ja, und möglicherweise beauftragen wir dann den einen oder anderen unserer Gedanken mit der Suche nach realisierbaren Alternativen. Wenn wir bereit sind, etwas tiefer in die Tasche zu greifen, dann bekommen wir unser Fleisch von artgerecht gehaltenen Tieren, und wenn wir konsequent ein Schnitzel nach »Wiener Art« bereiten, ja, dann könnte das künftig mit dazu beitragen, dass aus so manch einem Kälbchen dann doch noch eine Kuh werden darf. Und unser Fisch in Weißweinsauce, der kann durchaus ein Zander sein, ein Rotbarsch, Seelachs oder Steinbutt.

Nein, auch in der Küche dürfen wir die Flora und Fauna unserer guten Mutter Erde nicht vergessen. Von welcher Seite wir es auch betrachten mögen, wir kommen nicht darum herum, dem Philosophen Feuerbach Recht zu geben. Alles gegeneinander abgekürzt, benennt er eine passende Gleichung. Die Essgewohnheiten prägen den Menschen. Sie beeinflussen uns, formen dich und formen mich. Bewusst oder unbewusst. Anbei, der guten Ordnung halber: »Der Mensch ist, was er isst« – abschließend möchte ich dieser Aussage, der ich mich für meine Zeilen bediente, ihren richtigen Platz zuweisen, und das, indem ich sie im Kontext belasse. Das bin ich dem Verfasser schuldig. Ludwig Feuerbach, im Jahre 1850, mit einem Blick auf die Anthropologie und Physiologie seiner Zeit: »Die Lehre von den

Nahrungsmitteln ist von großer ethischer und politischer Bedeutung. Die Speisen werden zu Blut, das Blut zu Herz und Hirn, zu Gedanken- und Gesinnungsstoff!«

Die Zahl der Arbeitslosen sinkt

»Einen schönen Tag noch!« Freundlich lächelt mich die Kassiererin an, während sie mir den Kassenbon entgegenhält. »Danke, Ihnen auch!«, erwidere ich den Gruß und nehme der Frau den weißen Abschnitt aus der Hand. Bedingt durch meinen regelmäßigen Einkauf hier sind wir uns bekannt – bekannt in Gänsefüßchen. Wenn die Situation es zulässt, dann wechseln wir ein paar Worte miteinander. Heute passt es nicht. Der Andrang ist relativ groß. Frau Brammer, der Name steht auf einem Schildchen, das an ihrem Kittel klemmt, hat alle Hände voll zu tun. Ohne ein Zögern und ohne aufzublicken verlasse ich den Kassen-Fließband-Bereich in Richtung Ausgang.

Kassiererin in einem Supermarkt – eine harte Arbeit, denke ich mir, und eine ziemlich schlecht bezahlte obendrein. Frau Brammer ist allerdings froh, dass sie die Anstellung hat. Als alleinerziehende Mutter von zwei Kindern ist es für sie kontinuierlich ein besonders mühseliger Kampf, die Versorgung für die Familie zu gewährleisten. Da zählt tatsächlich jeder Cent. Eigentlich ist Frau Brammer Augenoptikerin, zweifellos ein qualifizierter Beruf, aber da sie es nach rundweg hundert erfolglosen Bewerbungen letztlich aufgegeben hat, gemäß ihrer Ausbildung eine Anstellung zu finden, hat sie sich dann für diesen Kassenjob entschieden. »Ist doch besser, als von Hartz IV leben zu müssen«, betont sie stets, »da landet man heutzutage überaus schnell.« Irgendwie bewundere ich diesen Menschen, das gebe ich zu. In dieser Situation, und mit diesen Aussichten, da wäre ich längst verzweifelt.

Frau Brammers Kinder werden es vermutlich später ebenfalls nicht leicht haben. Die Tochter ist zurzeit in der Lehre. Zahnarzthelferin – oder sagt man Zahnmedizinische Fachangestellte? – will sie werden. *Will* sie werden? Na ja, ohne Abitur war eben nicht das zu bekommen, was ihren Wunschvorstellungen entsprach. Allein mit der Mittleren Reife als Basis ist es heutzutage alles andere als einfach, einen der sogenannten Traumberufe zu ergreifen. Da spielt die Berufung eine untergeordnete Rolle, eher gar keine. Das zu erwartende Zahnarzthelferinnen-Gehalt ist niedrig angesetzt, äußerst niedrig sogar, Es ist fraglich, ob sich mittels der geringen Entlohnung je eine Eigenständigkeit aufbauen lässt. Was den Sohn betrifft, so ist selbst das Erreichen des mittleren Bildungsabschlusses gefährdet, ergo an einen Abschluss mit Abitur keinesfalls zu denken. Für ihn wird das Angebot der beruflichen Möglichkeiten verschwindend klein ausfallen.

So ist das zurzeit in unserer wunderbaren Republik, und in der Tat wundere ich mich: Immer mehr Menschen haben immer weniger die Möglichkeit, allein mit dem ihren Lebensunterhalt zu verdienen, was der Arbeitsmarkt noch zu fordern bereit ist beziehungsweise an Arbeit anbietet. Das heißt, wundern sollte es mich nicht, jedenfalls nicht im wahrsten Sinne des Wortes. Nein, auch hier greift die Gesetzmäßigkeit, die eine jede Ursache mit einer Wirkung verbindet. Wir haben alles getan, um in gewissen Bereichen die Arbeit kompromisslos zu vernichten, und nun sollten wir uns bitte nicht darüber wundern, dass sie dort so gut wie nicht mehr existent ist. Es gibt sie eben real immer weniger, die Tätigkeiten, die einerseits nicht die ganz große Schulbildung voraussetzen und andererseits Familien ernähren können, nein, und das, was der heutige Arbeitsmarkt auf vergleichbarer Ebene bereithält, ja. das wird von ihm nicht mehr gerecht entlohnt.

Eingedenk dieser Tatsache entbehrt es nicht einer gewissen schneidenden Ironie, wie ich meine, dass die dafür verantwortliche Politik sich mit der sinkenden Arbeitslosenzahl rühmt. Jedenfalls nutzen unsere verantwortlichen Politiker jede sich bietende Gelegenheit, um einer tieftraurigen Arbeitsmarktsituation den gütigen Mantel der Ermunterung umzuhängen. Doch von welcher Seite man es auch betrachten mag, es bleibt bei einer geschminkten Realität, bleibt bei einer wackeligen Kulisse. Klar, jene, die die Bereitschaft aufbringen, für ausgesprochen wenig Geld ihre Arbeitskraft zur Verfügung zu stellen, die erscheinen nicht auf den Listen der Arbeitsämter (Agentur für Arbeit mag ich nicht sagen), und ebenso klar ist es, dass die Bereitschaft zu diesem unseligen Kompromiss ständig wächst, aber hieraus nun den Schluss zu ziehen, dass unsere Welt nunmehr ein Stück weit mehr in Ordnung gebracht worden ist, das ist der Sarkasmus pur.

Wenn ich es mir so überlege, was sich unsere Verantwortlichen bislang alles haben einfallen lassen, um an dieser Stelle möglichst die Spuren zu verwischen, beziehungsweise die Zahl der Arbeitslosen zu schönen. Da wurden Langzeitarbeitslose reihenweise zu Gabelstaplerfahrern umgeschult, folglich während dieser Maßnahme zeitgleich aus der offiziellen Arbeitslosenstatistik des Staates gestrichen, und ich kann mir durchaus vorstellen, dass es Gegenden gab, in denen letztlich und unterm Strich jeder Zehnte mit einem Gabelstapler-Führerschein in der Tasche zum Arbeitsamt rannte. Dass – was die Augenwischerei anbelangt – die Quelle des Ideenreichtums längst noch nicht versiegt ist, das unterstreicht einmal mehr das Brimborium rund um den sogenannten »Ein-Euro-Job«.

Was diesbezüglich an morbider Frustration gesät, gezüchtet und gepflegt wurde, und das allein um Langzeitarbeitslose »irgendwie«zu beschäftigen, das ist doch kaum noch zu ertragen.

In unserer Republik werden die Reichen immer reicher, die Armen immer ärmer, und nicht zuletzt ist es die organisiert provozierte Erpressbarkeit der Arbeitnehmer, die das Fundament für diesen Zusammenhang festigt. Ich habe den Eindruck, dass wir anstelle der Arbeitslosigkeit die Arbeitslosen bekämpfen und dass es einer derart orientierten Wirtschaft – ich spreche das jetzt mal so aus – indes nur recht sein kann, wenn die Schreie nach Arbeit das Flüstern der Angebote übertönen, ja dass sich so manch ein Arbeitgeber sogar auf eine gewisse Arbeitslosigkeit angewiesen sieht. Das Spiel sollten wir schleunigst beenden – oder zumindest die Spielregeln der mit Recht geforderten Menschlichkeit anpassen. Der erste Schritt in diese Richtung wäre bereits getan, wenn wir die Verlogenheit nicht länger gewähren ließen, die Verlogenheit, die es zulässt, dass wir gegenwärtig die sinkende Zahl der Arbeitslosen beklatschen, ohne auch die Kehrseite der Medaille zu erwähnen.

So meine Gedanken. Direkt gegenüber dem Ein- und Ausgangsbereich des Marktes steht eines der Depots für die Einkaufswagen, rasselnd fügt sich der meinige in das Ende einer längeren Reihe. Wenn ich mich hier so umsehe: Der Selbstbedienungsmarkt gehört zu eine Warenhauskette, die sich zumeist in unmittelbarer Nähe einer Autobahnanschlussstelle befindet, in der Regel zusammen mit der Filiale eines Baumarktunternehmens, einer Tankstelle sowie diversen kleineren Geschäften, die den täglichen Bedarf an Service abdecken können. Und von den vielen Menschen, die hier am Platze tagtäglich einer recht stressigen Arbeit nachgehen, sind mir mittlerweile einige bekannt, die zwischen 5,00 bis 7,50 Euro in der Stunde verdienen. Abgesehen von Frau Brammer denke ich hier an den Herren vom Getränkemarkt, an die Frau, die im Imbisswagen steht, an die Dame von der Reinigung, an die Verkäuferin in der Gartenabteilung des Baumarktes, an

Vorurteile

»Und so ein Pack füttern wir hier durch. Die sollten verschwinden, sollen dorthin gehen, wo sie hergekommen sind.« Der ältere Herr neben mir ist offensichtlich stark erregt, er zittert, hat seine Stimme kaum noch unter Kontrolle, den Rest seines Körpers auch nicht. Eine unangenehme Situation. Etwas schneller als gewöhnlich greife ich mir meinen Einkauf vom Fließband. Die Kassiererin ist ebenfalls abgelenkt, was mich nicht wundert. An der Kasse nebenan beugt sich ihre Kollegin über den Tresen, hält mit beiden Händen einen Rucksack geöffnet, sieht hinein.

Ein Junge – er mag so um die zwölf, dreizehn Jahre alt sein – steht vor dem Band. Nicht freiwillig, wie es scheint. Ein Mann im weißen Kittel hält ihn am Arm fest. Es ist der Rucksack des Jungen, der gerade inspiziert wird. »Bitte«, ich halte der für mich zuständigen Kassiererin einen Geldschein entgegen, »den Kassenbon benötige ich nicht.« »Das erleben wir immer öfter«, die Frau sieht mich an, während sie mir das Wechselgeld reicht, »die werden immer dreister.« Der Mann im weißen Kittel, der Marktleiter, wie ich vermute, ist dem Anschein nach mit seiner Rolle recht zufrieden, blickt drein, wie Kapitän William Bligh, der gerade einen der Meuterer von der Bounty ins Meer werfen lässt. »Diese Zigeuner haben keinen Funken Anstand im Leib. Früher, da hätte man die ...« Die Stimme des zitternden alten Herren überschlägt sich nun fast. Sein übermäßig feuchter Speichelfluss, eher schon ein Spucken, unterstreicht seine Hasstiraden auf das Unangenehmste.

Der Junge ist knallrot im Gesicht. Das kann ich trotz seiner ohnehin dunklen Hautfarbe erkennen, auch aus der Entfernung, die zwischen zwei Kassenstationen liegt. Mir wird schlecht. Letzteres nicht zuletzt aufgrund der Tatsache, dass es für dieses morbide Szenario keine Heilung gibt, nicht unmittelbar jedenfalls, wie es doch die Situation eigentlich erfordert, nein, nicht einmal ansatzweise. Hier stimmt nichts, denke ich mir, immer dort, wo der Hass zum Richter ernannt wird, das Vorurteil zum Zeugen, dort ist die Stimmigkeit bereits vollends vertrieben. All das, das Geschehen in seiner Gesamtheit, mit dem ich hier überaus spontan konfrontiert werde, weckt in mir Erinnerungen, auf die ich gut verzichten kann. Wer mich daran am ehesten abstößt, vermag ich nicht zu sagen – der immer noch in Richtung des Jungen schimpfende und spuckende Alte, die ihm pauschal zustimmende Kassiererin oder Kapitän Bligh.

Ganz abgesehen von der Tatsache, dass ich ja nun wirklich nicht sagen kann, was genau passiert ist, werde ich dennoch einmal mehr daran erinnert, dass wir Deutschen wohl immer jemanden benötigen, den wir diskriminieren können. In meiner Kindheit waren es die Italiener. »Die Spaghettifresser nehmen uns unsere Frauen und unsere Arbeit weg«, so raunte es vor rund fünfzig Jahren durch die Republik. Jenen Nachbarn, die unsere Politiker aus gutem Grund ins Land holten, haben wir es nicht gerade leicht gemacht. Und kaum hatten wir uns an die Italiener gewöhnt, waren es die jugoslawischen Nachbarn (Gastarbeiter mag ich nicht sagen), denen wir mit all unserem Misstrauen begegneten. Den dann folgenden Türken erging es nicht anders. »Die sind doch alle arbeitsscheu und eher kriminell veranlagt«, hieß es, und: »Die wollen sich doch alle gar nicht eingliedern.« Das Wort *alle* wurde bereits damals oft und gerne benutzt. So meine Erinnerung.

Irgendwie, so kommt es mir vor, irgendwie bekommen wir es nicht richtig hin, vorurteilsfrei unserem Nächsten zu begegnen, irgendwie mag es uns einfach nicht gelingen. Sicherlich hängt sie uns nicht allein an, die besagte Unfähigkeit, das nicht. Auf unserer guten Mutter Erde ist das Vorurteil stark vertreten. Die Geschichte hat da einiges zu erzählen, was die Gegenwart durchaus zu unterstreichen vermag. Dessen ungeachtet kann mich das kaum beruhigen, nein, und schon gar nicht zum Zurücklehnen motivieren. Was nur nährt immer wieder unser Verlangen, auf andere Menschen herabblicken zu wollen, ja, das notwendige Miteinander von dem Gegeneinander vertreiben zu lassen? Wir errichten dort Mauern, wo dringend Brücken benötigt werden, und das mit einer Akribie, die der Hoffnung auf Verträglichkeit keinen Raum lässt. Die Voreingenommenheit ist einer unser mächtigsten Feinde. Weltweit. Daran hege ich keinen Zweifel.

Gut, an die Italiener haben wir Deutschen uns, wie gesagt, inzwischen gewöhnt, ich gehe davon aus, dass der Begriff Diskriminierung im Verhältnis zwischen uns und ihnen keinen nennenswerten Stellenwert aufweist. Das genaue Gegenteil ist gegenwärtig der Fall, ja, man *geht* zum Italiener, hat *seinen* Lieblingsitaliener, der nicht nur einen unvergleichlichen Espresso reicht, sondern auch die beste Pizza der Stadt serviert. Auch in andere Richtungen geblickt: Es hat zwar lange gedauert, aber prinzipiell wissen wir es mittlerweile zu schätzen, das Kulturgut, das uns unsere Gäste und Nachbarn aus ihren jeweiligen Heimatländern mitgebracht haben, und erfreulicherweise beschränkt es sich nicht allein auf die gastronomischen Spezialitäten. Gleichwohl haben wir die Ziellinie leider noch nicht erreicht. Aktuell dürfen wir – beispielsweise – gerne noch an dem Blickwinkel arbeiten, mit dem wir unsere türkischstämmigen Nächsten betrachten.

Was soll's, meine Gedanken schweifen ab. Meine Tüte ist gepackt, mein Einkauf beendet. Ich gehe. So wie es aussieht, hat an der Kasse nebenan so etwas wie ein Bühnenwechsel stattgefunden. Die Szene hat sich zumindest grundlegend geändert. Doch. Ja. Was noch vor wenigen Sekunden als Ladendiebstahl agierte, tritt nunmehr als Irrtum auf. Dem Jungen war sein Schlüsselbund aus der Hosentasche und zwischen die Regale gerutscht. Von dort hob er sie auf und verstaute sie in seinem *Eastpak*. Jene

Handgriffe wurden beobachtet, falsch gedeutet und dem Personal gemeldet. Die Kassiererin hat inzwischen den Rucksack und Kapitän Bligh den vermeintlichen Meuterer losgelassen. Beide sind bereits wieder zur Tagesordnung übergegangen. Sie rückt ihren Kittel zurecht, lächelt ihren nächsten Kunden an, er verschwindet hinter der Tür mit dem Spiegel, durch den man von der Rückseite hindurchsehen kann. Der Alte zittert nicht mehr, er schimpft nur noch.

Nein, die eigentliche Tragik, sie begründet sich nicht in dem Irrtum, denke ich mir, das wäre noch erträglich. Das, was man aus dem Missgriff gemacht hat, ist es, was sich mir als schier unerträglich erweist. Die erbärmliche Freude darüber, wieder einmal Zigeunerpack erwischt zu haben, einen Arbeitsscheuen, einen Kriminellen. Und ja, es war tatsächlich Freude, triumphierende Freude, darüber konnte auch das Schimpfen nicht hinwegtäuschen ... Der unfreiwillige Hauptdarsteller, er geht eilig an mir vorbei, erreicht vor mir das Portal mit der automatisch gesteuerten Glastürschleuse. Sein Gesicht verrät so etwas wie Angst, Irritation und Machtlosigkeit zu gleichen Teilen. Die Flügel der Glastürschleuse schließen sich hinter dem Jungen. An den Scheiben kleben rechteckige Plakate: »Hier ist der Kunde noch König«, liest man beidseitig in Augenhöhe, »Öffnungszeit von 8:00 bis 21:00 Uhr.«

Lethargie

Woran mag es wohl liegen, so frage ich mich manchmal, dass wir Menschen kaum noch von den schrecklichen Meldungen berührt werden, die uns tagtäglich erreichen? Wie begründet es sich, dass wir jene Traurigkeiten in einer Weise verarbeiten können, die eher einer routinemäßigen Aussortierung gleichkommt? Klar ist, dass der Mensch nicht jede Misere im Detail verinnerlichen kann; bereits bei dem Versuch würde man kläglich scheitern, ja zerbrechen, was letztlich niemandem dienlich wäre. Nein, das ist es auch nicht, was ich meine.

Hier spreche ich von der Tatsache, dass anscheinend immer mehr Menschen immer weniger bereit sind, sich mit den Problemen ihrer Mitmenschen auseinanderzusetzen. Ein hohes Maß an Desinteresse zeigt sich da im Vordergrund. Eine Passivität, die nicht angeboren ist. Was also mag dazu geführt haben, dass es so ist, wie es ist? So meine Frage. »Ich habe selber genug Belastungen am Hals«, höre ich es aus der einen Ecke klagen, »da kann ich mich wirklich nicht noch mit den Problemen anderer Leute beschäftigen.« »Weder die Kriege noch die Hungersnöte der Welt kann ich verhindern. Dafür sind Politiker zuständig, die Politiker – oder Gott.« So tönt es aus der anderen Ecke. Gut, zwar erkenne ich in dieser Argumentation eine Resignation, eine, die ich für äußerst gefährlich halte und die in keiner Hinsicht meine eigene Meinung spiegelt, dennoch aber kann ich diese Haltung zumindest nachvollziehen.

Kriege hier und Kriege dort, Naturkatastrophen, Hungersnöte und Seuchen – in einer nie endenwollenden Kette werden sie uns per Berichterstattung präsentiert. Man kann es wahrnehmen, das Elend. Während wir gemütlich im Sessel und vor dem Fernseher sitzen, kommt sie zu uns ins Haus, per Satellit wie per Kabel, die Not der Welt. In der einen Hand die Fernbedienung und in der anderen ein gutes Getränk, nehmen wir an den Geschehnissen unserer Tage teil. Während wir zwischen der TV-Werbung und dem Angebot an Krimifolgen hin- und herzappen, ist sie kurz präsent, die Bedrängnis. Verhält es sich so? Eben nicht. Und genau das ist es, worauf ich zeige. Wir nehmen es nicht mehr wahr, all das Elend, und nehmen auch nicht mehr teil an den schrecklichen Geschehnissen unserer Tage. Auch ist es für uns längst nicht mehr präsent, was unsere Nächsten hoffnungslos bedrängt. Nein, wir realisieren es kaum noch, fühlen es nicht mehr nennenswert mit.

Kaum hat sie uns erreicht, die Flut aus bunten Bildern und grau-sachlichen Kommentaren, die die brandaktuellen Schreckensszenarien lebhaft dokumentieren und nüchtern kommentieren, schon zerrinnt sie, an uns vorbeifließend, im sprichwörtlichen Sande. Wir werden nicht einmal nass dabei. Wie auch sollte das geschehen? Per Knopfdruck wird auf »Unterhaltung die gefällt« umgeschaltet. Bei Erdnüssen und Chips verweisen wir die Brandherde unseres Erdenrunds auf die Plätze der allerletzten Reihe. Wo früher ein Entsetzen aufkam, reicht es heute gerade noch für ein Kopfschütteln, wenn überhaupt. Die Daran-kann-man-nichts-ändern-Schublade ist zwar randvoll, aber es passt immer noch etwas obendrauf. Und ja, wer wollte diesbezüglich nun mit dem Finger auf seinen Nachbarn zeigen, könnte ihn der unterlassenen Hilfeleistung beschuldigen? Die Machtlosigkeit lähmt jeden, verhindert jegliche Hilfe, ja legitimiert die Passivität der Gesättigten.

Die Miseren bleiben. Die Fragen ebenfalls. Was kann ich tun, was kannst du tun, was können wir gemeinsam unternehmen. Wo genau liegen die Versäumnisse positioniert, welche Weichen wurden und werden falsch gestellt? Ein Patentrezept gibt es nicht, soviel ist gewiss, allerdings – und möglicherweise wäre das ein Ansatz – gab es das zu keiner Zeit. Gerechtigkeit, Ausgewogenheit, Geborgenheit, sie waren niemals zum Nulltarif zu haben. Die Resignation hat noch keine einzige Mauer eingerissen, und ebenso noch keine Brücke erbaut. Wie auch immer dem sei, eines scheint gewiss zu sein: Wenn wir die Probleme der Welt – unserer Welt! – nicht gemeinsam angehen, wenn wir uns darauf beschränken, sie zuzuordnen, weiterzureichen, abzulegen, ja zu ignorieren, dann ist diese unsere Welt für ihre Bewohner irgendwann lediglich ein einziges monströses Problem. Von all den gemachten Fehlern der Menschheit, ist die Ignoranz mit der bedrohlichste.

Jede Reise beginnt mit dem ersten Schritt, jedes Aufräumen mit dem ersten Handgriff. Fangen wir an. Beginnen wir im Kleinen, beginnen wir bei uns. Vielleicht – vielleicht sollten wir unseren Traum von einer erträglichen Welt anders platzieren, ihm einfach mal mehr Zutrauen schenken, ihn spontan für realisierbar erachten. Weshalb soll sich immer das Chaos bis zum Ausufern verselbstständigen dürfen, wieso nicht ab heute die Hoffnung. Mit dieser Einstellung, und mag sie angesichts der geschilderten Situation noch so absurd klingen, kann man zumindest nichts falsch machen. Die Hoffnung vermittelt Kraft, die Resignation lähmt. Wenn du und ich, wenn wir gemeinsam das Näher-hinsehen-können wieder erlernen, oder, sofern es noch nicht abhanden gekommen ist, es wieder in Betracht ziehen, dann wäre das zwar ein kleiner Schritt, aber zweifellos einer in die richtige Richtung. Davon bin ich überzeugt.

Das sollte uns doch gelingen. Nicht mehr wegsehen ist durchaus ein brauchbarer Ansatz, ein erster kleiner Schritt. Die Frage: »Wie geht es meinem Nächsten?«, die wird dann die Hürde des sprichwörtlichen Tellerrandes mühelos überspringen können. Auch dessen bin ich mir sicher. Unsere Nächsten, das sind dann auch die, die wir möglicherweise niemals persönlich zu Gesicht bekommen werden, deren Nöte uns bis dato allein mittels der TV-Nachrichten und Boulevardzeitungen vorstellig wurden, und das sehr flüchtig, oder besser gesagt, dergestalt nicht mehr wahrnehmbar. »Aus kleinem Anfang entspringen alle Dinge«, erkannte der römische Philosoph, Schriftsteller und Politiker *Marcus Tullius Cicero* vor über 2000 Jahren, und diese Einsicht hat seither nichts von ihrer Authentizität eingebüßt. Das macht Mut, wie ich meine, denn nicht mehr als einen kleinen Anfang kann und wird uns das Gebot der Stunde abverlangen.

Diesmal klappt es bestimmt ...

Mit einem gurgelnden Geräusch fließt der Strahl aus dem Wasserkocher nahezu in die Mitte des Teesiebs. Sowohl der Kocher als auch das Sieb müssen relativ zentriert gehalten werden, was mit seinen leicht zitternden Händen auch nicht unbedingt gewährleistet ist. »Es war gestern Abend wohl doch wieder ein Glas zuviel«, hört er sich denken, »und dann nur rund fünf Stunden Schlaf. Das muss künftig anders werden.« Der Kalender besteht auf Freitag, die Uhr auf 6:30. »Gut – wenn die Kalenderblätter gewissenhaft abgerissen sind –, zumindest die Aussicht auf das Wochenende.«

Trotz der Tatsache, dass so ziemlich alle Leuchten in den Räumen eingeschaltet sind, scheinen die Wände eher im Dunkeln zu liegen. »Die Enge muss es sein, diese erbärmliche Enge.« Eine kleine Dachgeschosswohnung ist eben kein Palast. Auf Dauer sind diese schrägen Wände nicht zu ertragen. Das hat Auswirkungen. Jedenfalls kann man nicht alles auf den Alkohol schieben. Nein, nicht das Unbehagen, das sich zeitgleich mit dem Signal des Radioweckers einstellt, und nicht die Verstimmung, für die dann ebenfalls die Nacht beendet ist. Hingegen – die zitternden Hände haben nichts mit dem Muff der Mansarde zu tun. So einfach ist das. Einfach? Wie auch immer, 6:50 Uhr, es wird Zeit. Blick auf die Kommode im Flur. Der Anrufbeantworter blinkt, signalisiert Anrufe in Abwesenheit. Das muss von gestern sein. Oder in der Nacht? Taste drücken. Schnell noch abhören. »Klick« – »Heute, 1:20 Uhr«, ein kurzes Rauschen, »keine weiteren Nachrichten« – »Klack.«

Die Haustür fällt ins Schloss. Das Treppenhaus riecht ebenfalls muffig. Die mit Linoleum belegten hölzernen Treppenstufen dünsten ihr ureigenes Odeur aus, ein typischer Duft, der sich aus den über die vielen Jahrzehnte in den Belag gesogenen Bohnerwachs-Schichten nährt. Einerseits gemütlich und irgendwie an Beständigkeit erinnernd, andererseits aber, im gleichen Sinne *irgendwie* auch armselig. Die zweite Etage, dort, wo der Handlauf des Treppengeländers defekt ist. Links wohnt Herr Thater, dreiundfünfzig Jahre alt, Frührentner. Rechts, Herr Masurek, fünfundvierzig Jahre, seit zwei Jahren Hartz IV. Erdgeschoss. Zwei Reihen Blechbriefkästen. Einige der Schließklappen haben im oberen Bereich ein Eselsohr, wurden irgendwann mal hochgebogen. Einbruch? Nein, wohl kaum, vermutlich Schlüssel vergessen. Darunter, an die Wand gelehnt, Fahrräder. Viel zu viele Fahrräder, die hier auf den Fliesen stehen. Jede zweite Fliese weist einen Riss auf, in den Rissen Schmutz.

Die Straße. Der Bus. Besser gesagt: die Rücklichter des Busses. Unüberhörbar und dumpf zischend schließt die Druckluft die Segmente der Eingangstür im vorderen Bereich. Das Geräusch ist so etwas wie eine absolute Entscheidung. Er kennt das, erlebt das des Öfteren. Der Regen lässt das Rot der Rücklichter weitaus größer erscheinen, als es tatsächlich ist, erlaubt den Konturen der Lichtstrahlen ein Verschwimmen in der Atmosphäre. Wind lässt den Regen überaus schräg einfallen. Die vier roten Schalensitze an der Haltestelle sind nass. Nass und mit der schwarzen Tinte eines breiten Faserschreibers beschriftet. »Ausländer raus!«, so die Botschaft. Der Fahrplan hinter der Scheibe ist unleserlich – aufgeweicht klebt er an ihr –, der Rahmen des Kästchens offensichtlich undicht. Der nächste Bus kommt in circa zwölf Minuten. Das weiß er. Darauf ist er auch angewiesen. Heute darf er nicht zu spät kommen. Es wird ohnehin recht knapp.

Auf irgendeine Weise kommt er immer zu spät. Ja. Weniger buchstäblich, nicht unbedingt wortwörtlich, vielmehr metaphorisch. Die Stellenangebote der Zeitungen sprechen da eine deutliche Sprache, weisen auf Gegebenheiten hin, die sowohl von den Sachbearbeitern der Arbeitsämter als auch seitens der Personalabteilungen der Firmen bestätigt und unterstrichen werden.

»Sie sind zu lange raus«, lautet der Negativbescheid, oder: »Sie sind zu alt für diese Aufgabe.« Obwohl – Negativbescheid –, in der Regel bekommt er keinen Bescheid. Nicht von den Firmen. Nicht einmal eine Eingangsbestätigung seiner Bewerbung. Mit seinen sechsundfünfzig Jahren ist er eben zu alt, um eine feste Anstellung zu bekommen, und zu jung, um in Rente gehen zu können. Das sagt zwar keiner, spiegelt dennoch zweifellos die Realität. In nur wenigen Wochen werden die Zahlungen des bisherigen Arbeitslosengeldes eingestellt. Dann ist es zu spät.

Die zwölf Minuten müssen verstrichen sein. Nicht allein die Tatsache, dass er nunmehr nicht mehr allein, sondern inmitten einer beachtlichen Menschengruppe wartet, lässt diesen Rückschluss zu. Der Bus kommt. Im S-Bogen löst er sich aus dem fließenden Verkehr und schmiegt sich an den Kantstein direkt vor der Haltestelle. Zischend öffnet die Druckluft die Segmente der Eingangstüren im vorderen wie im hinteren Bereich. Hinten steigen Menschen aus. Vorne bildet sich zeitgleich eine Schlange. Mehr oder weniger angerauchte Zigaretten werden hier auf den Boden geworfen. Die meisten Fahrgäste halten ein Handy in der Hand oder haben zumindest einen Stöpsel im Ohr. Abonnentenkarten werden in die Höhe gehalten, Fahrkarten werden gelöst. Die Masse fügt sich ein, nimmt Platz, telefoniert weiter. Die Türen schließen sich. Der Bus blinkt, signalisiert – im S-Bogen anfahrend – seine Absicht, wieder Teil des fließenden Verkehrs zu sein.

Er hat keinen Sitzplatz bekommen, steht in der Menge, hält sich mit der rechten Hand an einer der grauen Plastikschlaufen fest, die in regelmäßigen Abständen, beidseitig des Ganges und an Stangen hängend, ihre Hilfe anbieten. Der charakteristische Mief, den allein vom Regen nasse Klamotten in der Lage sind auszudünsten, scheint sich genau in Kopfhöhe zu formieren. »Noch drei Stationen zu fahren, wenn ich mich nicht täusche«, seine Blicke versuchen vergeblich die klatschnassen Scheiben zu durchdringen, »diesmal klappt es bestimmt.« Diesmal muss es bitte klappen! Der Schritt vom sogenannten Arbeitslosengeld I zum Arbeitslosengeld II – ergo Hartz-IV-Empfänger – ist ein kleiner, und er wird zumeist in einer Einbahnstraße gegangen. Werden denn keine Sachbearbeiter mehr benötigt? »Kommen Sie doch morgen so gegen acht Uhr mal kurz vorbei«, so der freundliche Herr am Telefon, »ich denke, Sie sind genau der Richtige!«

»Werden Sie Kaffee-Tagesfahrten-Begleiter«, hieß es in der kleinen Anzeige, die er beinahe überlesen hatte, und: »Verdienen Sie sich Ihr Traumgehalt.« Sofort angerufen hat er dort, wurde direkt durchgestellt, durfte lange mit dem Bezirks-Verkaufsleiter sprechen, mit dem leutseligen Herrn, dem die Organisation der Veranstaltungen obliegt. »Senioren haben einen großen Bedarf an Kommunikation«, ließ er sich sagen, »und genau dort ist die Schnittstelle zwischen jenen Menschen und unserer Firma angesiedelt.« Nicht zu lange warten solle er, es gäbe bereits zahlreiche Bewerber. Gestern war das. Seine Gedanken schweifen ab. Er muss sich konzentrieren. An der nächsten Haltestelle muss er raus. Per Knopfdruck signalisiert er das. Der Bus verlässt den fließenden Verkehr und schmiegt sich an den Kantstein vor der Haltestelle. Die Druckluft öffnet die Segmente der Türen. Er steigt aus. Es regnet immer noch. Der Wind hat nachgelassen.

Die Hauptstraße überqueren und auf der anderen Seite etwa 200 Meter rechts hinunter gehen. Dann die zweite Straße links und – direkt gegenüber dem Glücksspiele-Laden – die Hausnummer 365. So der Hinweis am Telefon. »Wir befinden uns im ersten Stock«, hieß es, »bitte dreimal klingeln.« Mit dem Stadtplan in der Hand überquert er die Straße, geht rechts herunter, geht in Richtung Innenstadt. Hier die zweite links. Dort, gegenüber und auf der anderen Seite, der Laden mit der grellgelb gefärbten Schaufensterscheibe. »Glück ist machbar!«, lautet die

Einladung, realisiert mit auffallend verschnörkelten Klebebuchstaben. Der Schriftzug erinnert an die Läden der Änderungsschneider, die auch mit solchen Buchstaben auf sich aufmerksam machen. Die Nummer 365. Der Eingang. Ein 50er Jahre Bau. Eine Bausünde inmitten einer längeren Häuserreihe – Mietshäuser aus der Gründerzeit, die der Krieg verschont hat. Kein Schild, das auf die Firma hinweist ...

Die Rose

Vermutlich werde ich das Bild niemals verdrängen können, vermutlich wird es mir mein Leben lang ein getreuer Begleiter sein: Der alte Mann schreitet langsam auf eine ausgehobene Grube zu. Er hält eine Rose in den Händen. Die wenigen Schritte, die ihn noch von dem Erdloch trennen, scheinen einen Großteil seiner Kraft zu beanspruchen. An der Grube angekommen, wird seine Gestalt jäh von einer gigantischen Traurigkeit überschattet. Ein gewaltiger Kummer bemächtigt sich seiner Erscheinung. Als die personifizierte Schwermut verstehen ihn meine gesamten Sinne.

Kaum dass ich hinsehen mag. Eine Niedergeschlagenheit. In Gestalt eines weißhaarigen Individuums ertastet ihn mein scheuer Blick. Etwas vorgebeugt sieht er hinab. Nach kurzem Innehalten lässt er die Rose in das Loch fallen. Die Rose, der letzte Gruß an den Menschen, der nur wenige Minuten zuvor in einem Schrein aus Holz der Erde übergeben wurde. Die Rose, ein Abschiedsgruß des alten Mannes, die Symbolträgerin seiner schmerzlichen Trennung. Die Rose – ein unabwendbarer Abschied von seiner geliebten Tochter ... Niemals, niemals wird es mir gelingen, diese Szene aus meinem Gedächtnis auszulöschen. Zu keiner Zeit wird sich die Gravur jener Traurigkeit aus meinem Herzen löschen können oder gar erfolgreich von meiner Erinnerung eine räumliche Distanz erbitten dürfen. Niemals, ich erahne es, niemals wird das der Fall sein.

Im Jetzt betrachtet gehört jenes Erlebnis bereits der Vergangenheit an, eine Entfernung von knapp drei mal sechzig Sekunden liegt zwischen ihm und dem Jetzt. Ein Abstand, der ständig expandiert, der beharrlich anwächst, der sich unbeirrt ausdehnt. Die Zeit hat jene Begegnung längst in ihr monströses Orchester aufgenommen. Die Zeit, sie ist nun der erhabene Dirigent dieses Gewesenen, ja der tonangebende Kapellmeister auch des mit ihm verknüpften Künftigen. Ich habe mich von der Menge der Trauergäste gelöst, sitze auf einem gepolsterten blauen Sitz hinter dem Lenkrad und bin auf dem Wege nach draußen. Warm und geradlinig durchdringen die restlichen Strahlen der späten Nachmittagssonne die Frontscheibe meines Wagens; lediglich der angetrocknete Staub, den der Regen vergangener Tage über das Glas zu verteilen vermochte, stellt sich trotzend gegen ihre sanft gleißenden Lichtformationen.

Für mein Dafürhalten ein schier unangenehmes Arrangement, das Abkommen zwischen jener Energie des Himmels und den kläglichen Überresten sphärischer Schmutzpartikel. Eine lästige Anordnung von Zufälligkeiten, eine nutzlose Vereinigung von Gegensätzen. Es ist mir in meinem momentanen Umfeld alles andere als gedeihlich zumute, und vieles, eigentlich alles, deutet darauf hin, dass sich dieser Zustand erschreckend konsequent behaupten wird. Nicht zuletzt auch die gefilterten Boten des hereinbrechenden Abends bemühen sich, das zu bestätigen … Bemerkenswert schön ist diese Allee, eine vor Grün nur so strotzende Promenade, die mich von der Kapelle Vier des Ohlsdorfer Friedhofs geduldig zum Ausgang begleitet. Derartige Anlagen durchfährt man automatisch langsam. Zugegeben, von hier aus betrachtet, nach links wie rechts durch die Fenster meines dahingleitenden Autos gesehen, zeigt sich die Welt von einer ihrer ansehnlichsten Seiten.

Großzügig ausgedehnte Wiesenflächen behaupten sich in erhabener Lage. In den Anordnungen der zahllosen Büsche und Beete zeigt sich eine ausgeglichene Pflege. Die Breite meines Weges kommt mir eher unwirklich vor, wirkt auf mich irgendwie phantastisch. Hier herrscht die Ruhe, denke ich – eine sanfte, zuträgliche Ruhe, die sich im stetigen Wechsel mit einer unwirklichen Regungslosigkeit offenbart. Nichts und niemand, jedenfalls gegenwärtig ist es so, vermag sie störend zu beeinträchtigen, meine Ruhe. Stille. Angenehm. Angenehm? Die Klimaanlage meines Wagens beginnt jetzt Kühle zu spenden. Das unterschwellig monotone Summen ihrer Automatik übertönt augenblicklich die leisen Fahrgeräusche des Wagens. Kühle und Stille. Zwischen und unmittelbar vor den Bäumen, mitten auf den Grasflächen wie an deren Fassungen, überall tauchen sie hier auf: Rhododendronbüsche und Scheinzypressen, die charakteristischen Friedhofsgewächse.

Ein wonniges Stück Natur, das mich zwangsweise an den Garten Eden erinnert oder zumindest an das, was ich mir bislang unter dem Märchen *Der Paradiesgarten* von Hans Christian Andersen vorzustellen vermochte. Die Parkanlage erinnert mich tatsächlich an das Paradies! All die Blumen und Beete, die Bäume, Sträucher und Wiesen, die Stille und die Kühle, all das in seiner wohltuend erhabenen Üppigkeit stärkt meine Vision vom legendären Garten Eden – von jenem sagenumwobenen Geschenk eines Schöpfers an das erste Menschenpaar. Nein. Die Werbung ist vergeblich. Das Vorhaben gelingt nicht. Etwas in mir weigert sich, diesen Augenblick, so anmutend er auch sein mag, mit solchen Vorstellungen zu vermengen. Nein, so leicht kann und will ich es mir nicht machen. Meine Erfahrung von eben, sie liegt nunmehr kaum mehr als vier mal sechzig Sekunden zurück, passt nicht in meine bisherige Vorstellung vom Paradies, nicht einmal annähernd, zuviel Gegensätzliches folgt ihr als Geleit.

»Der Tod gehört zum Leben«, zitiert der Volksmund recht gerne in solchen Situationen. An dem Ausspruch ist sicherlich was dran, denke ich, aber ich halte meine Zweifel, dass das grundsätzlich und in jedem Falle als Trost auszureichen vermag, für mehr als berechtigt. Was mich betrifft, so will sich mir an dieser Stelle kein brauchbarer Trost offenbaren. Gerne würde ich augenblicklich, hier und jetzt ungezwungen und lauthals schreien. Ein mir unbekannter Schmerz, er hält mich in seinem Bann. Alles in meinem Ich sehnt sich qualvoll windend nach einem erlösenden Aufschrei. Alles in meinem Sein lässt jeglichen Trostgedanken erbärmlich ersticken. Mit jedem meiner Atemzüge schmecke ich meine momentane Erbärmlichkeit. Tief und gleichmäßig atme ich die Realität meiner anwachsenden Hilflosigkeit. Ich sehne mich nach den Tränen meiner Kindheit. Nur zu gerne würde ich weinen, doch – ich weiß es genau –, würde ich es versuchen, so würde es mir nicht gelingen.

Da, mein alter Kumpan, die depressive Traurigkeit, gesellt sich zu mir. Mein treuer Gefährte, die fassbare Schwermut, will mich mal wieder ein Stück des Weges begleiten. »Komm nur«, flüstere ich in den Raum, »wir kennen uns nun schon so viele Jahre. Ich habe dich bereits erwartet, werde dir bestimmt auch heute nicht ausweichen. Zögere nicht. Tritt ein. Rede mit mir. Du bist mir auch heute ein willkommener Gast. Lass uns übergangslos beginnen. Erzähle, was dir auf der Seele liegt.«

Ich verstumme. Lasse meinen Begleiter berichten, höre nun seine Geschichte:

Mit angemessenem Abstand hat sich eine größere Gruppe von Menschen um ein frisch ausgehobenes Grab versammelt. Inmitten der vordersten Reihe, dem Abschnitt, der sich schwerpunktmäßig in Richtung Fußende der Grube formierte, steht gesenkten Hauptes ein alter Mann. Er hält – und wahrscheinlich bleibt es den meisten der Anwesenden verborgen – eine einzelne Rose in seinen Händen. Nahezu greifbar ist der Kampf, den seine Selbstbeherrschung mit den Gegebenheiten ficht. Ein fürwahr ungleicher, ein unfairer Streit. Trotz seiner Gefasstheit wird der alte Mann von einer Aura umhüllt, die allein eine übermächtige Traurigkeit in der Lage ist auszustrahlen. Sein Antlitz wirkt dennoch auffallend ausgeglichen und freundlich. Der alte Mann hebt den Kopf leicht an, gerade so weit, dass er die geringe Distanz, den schmalen Pfad, der ihn von der Grube trennt, überblicken kann.

Um einen Kontakt aufzunehmen, mit wem aus der gegenüber befindlichen Menschenansammlung auch immer, reicht sein Aufblicken nicht aus. Er sieht in die Leere, verliert sich im Dunst des Atmosphärischen. Er löst sich aus der Gruppe, schreitet langsam auf das Grab zu. Dieser Weg beansprucht den größten Teil seiner ihm zur Verfügung stehenden Kraft. Und hier nun, an Rande der Grube angekommen, scheint die Wahrheit der Stunde über sich hinauszuwachsen, scheint ihr Auswuchs einen flüchtigen Sieg über die Beherrschtheit dieses Menschen zu erringen. Sein gesamter Körper wird von dem Dunkel einer gewaltigen Verzweiflung überschattet. Der lautlos gellende Aufschrei des Kummers bemächtigt sich rasch seiner Erscheinung. Fest umklammert die Betrübtheit in Person seine gepeinigte Seele. Den scheuen Blicken einiger der Trauergäste zeigt sich, in Gestalt eines weißhaarigen, hin zur Tiefe der Ausschachtung gebeugten Individuums, die pure Melancholie.

Ein kurzes Innehalten, gleichwohl eine feierliche Handlung, dann übergeben die Hände des Mannes die Rose der Erdhöhle. Die Rose als die Symbolträgerin einer schmerzlichen Trennung. Die Rose, ein allerletzter Gruß an sein geliebtes Kind. Die Rose – sein Abschied von seiner geliebten Tochter.

Treff-Punkte, Blick-Winkel

Von der Hauptstraße links abbiegen, dann die geneigte Auffahrt hoch. Vor der Automatik-Schranke kurz anhalten und die Scheibe runter lassen. Den Knopf drücken, die Karte ziehen. Der rot-weiße Arm stellt sich senkrecht, gibt die Einfahrt zum Parkplatz frei. 19:30 Uhr. Um diese Zeit kaum noch abgestellte Fahrzeuge. Einparken. Aussteigen. An der Ausfahrt steht der Arm der Schranke bereits senkrecht, lässt jeden, so er denn möchte, zum Nulltarif passieren. Die Automatik ist mal wieder defekt. In der Regel, ergo fast verlässlich, ist das der Fall.

Vom Parkplatz führt ein breiter Weg direkt zum *Center*, zur Einkaufsmeile im Nordwesten der Stadt. Links vom Weg der Busbahnhof. Rechts ein kleines Ärztehaus, ein Döner-Imbiss und eine Filiale der Handelskette REWE. Quer verlaufend die gut fünfhundert Meter lange Fußgängerzone mit ihren diversen Lebensmittelläden, Fachgeschäften, Gastronomen, Ärzten, Anwälten und Dienstleistern, mit der sich der Weg letztlich vereint. Jenes Zusammentreffen formiert sich hier zu einem recht passablen Platz, jedenfalls was die Größe betrifft. Nahezu mittig des Platzes eine Station der U-Bahn. Ein kaum wahrnehmbares Vibrieren der Gehwegplatten kündigt die Ankunft einer Bahn an. Das Abbremsen der Räder, Stahl auf Stahl, ein kurzes Quietschen. Miefige, erwärmte Luft, von dem Zug aus der Röhre gepresst, entweicht dem Schacht. Nur wenige Sekunden später verlassen Menschen die Station. Die meisten eilen in Richtung Busbahnhof, vermengen sich kurzzeitig mit denen, die, vom Busbahnhof kommend, zielgerichtet in Richtung U-Bahn eilen.

Hier ist der Weg halb überdacht. Ein Blechdach, gehalten von einer blau angestrichenen Konstruktion aus eckigen Metallrohren, verbindet die beiden Bus- und Bahnstationen. Kaum jemand wird darin eine architektonische Meisterleistung erkennen, eher nicht. Unter dem Dach, eine längere Reihe Mülltonnen-Boxen aus Waschbeton. Die meisten der Stahltüren angerostet und fast alle mit Faserschreiber beschmiert. Hier hat sich eine kleine Gruppe formiert. Menschen unterschiedlichen Alters, die durchaus den Eindruck erwecken, dass sie den Tag hier verbringen. Auf der Platte des Müllboxen-Arrangements, die offensichtlich augenblicklich als so eine Art Tisch dient, eine leere Schnapsflasche, und in regelmäßigen Abständen Bierdosen. Einige Dosen rollen, vermutlich leer und vom Wind getrieben, leise rumpelnd über den Waschbeton. Die Gruppe scheint lustig zu sein. Einige Teilnehmer unterhalten sich lauthals, zeitgleich und in verschiedene Richtungen.

Zwei Männer. Beide uniformähnlich gekleidet. Derbe, dunkelblaue Hemden mit Schulterklappen, derbe, dunkelblaue Hosen mit aufgenähten Taschen. Stiefel. Die Rolltreppe des U-Bahnschachtes transportiert sie, dicht nebeneinander stehend, bis auf die Höhe des Platzes. Es sieht aus, als würden sie, im Zeitlupentempo, direkt senkrecht aus dem Boden wachsen. Sie blicken grimmig drein, erkennen die Situationskomik nicht. Oben angekommen, bleiben sie für Sekunden stehen, blicken sich um, blicken links wie rechts über die Einkaufsmeile, blicken in Richtung der Müllboxen. Jeder hat Handschellen, Lederhandschuhe und eine Taschenlampe an einem schwarzen, breiten Gürtel hängen, und ein Sprechfunkgerät in einer der aufgenähten Taschen. »Security Service« – in weißen Lettern auf dem Rücken. Nicht zuletzt die auffallend kurz geschnittenen Haare lassen das Erscheinungsbild, in der Gesamtheit und aus der Situation heraus, an Tage erinnern, die wir wohl besser nicht noch einmal auffrischen sollten.

Die meisten der Geschäfte – links wie rechts der Meile – haben bereits geschlossen oder sind im Begriff zu schließen. Hier und dort werden Bistrotische und Stapelstühle in die Läden getragen. Eingänge werden gefegt. Unbeleuchtete Schaufensterscheiben reflektieren vorbeigehende Passanten, was irgendwie an einen Stummfilm in schwarz-weiß erinnern lässt. An der Ecke, gegenüber der U-Bahn, kann man noch einen Kaffee bekommen. »The Coffee Company« steht auf der Markise, die soeben hineingekurbelt wird. Drinnen werden die Tische abgewischt. Ein deutliches Signal. In einer halben Stunde gehen auch hier die Lichter aus. Leute verlassen das Geschäft, rauchen, telefonieren, halten Coffee-to-go-Becher in der Hand. Nebenan eine Geschäftsstelle der Deutschen Bank. Geschlossen. Hinter der schweren Glastür stehen allerdings mehrere Automaten als etwaige Kommunikationspartner bereit. Hier herrscht eine vergleichsweise rege Betriebsamkeit.

Die Gehwegplatten vibrieren, kaum wahrnehmbar, wie gesagt. Ein Zug läuft ein. Mit einem spitz schrillen Aufschrei meldet er seine Abbremsung. Der zu erwartende Luftzug meldet sich ebenfalls aus dem Schacht, vermengt sich jäh mit der Atmosphäre des Platzes. Menschen verlassen die Station, beeilen sich, ihren Anschluss an den Bus nicht zu verpassen, oder verlieren sich in Richtung Einkaufsmeile. Der eine oder andere wirft im Vorbeigehen flüchtig einen Blick auf die an den Müllboxen stehende Versammlung. Dort wird gelacht. Eine Bierdose kippt um, nimmt stracks die Fahrt über die Betonplatte auf. Die Männer vom Security Service stehen nun in unmittelbarer Nähe der Rolltreppe. Beide rauchen Zigaretten. Die Augen sind auf die Stiefel gerichtet. Vor den Stiefeln, eine Ansammlung Zigarettenkippen, von denen einige noch zu glimmen scheinen. Mit jeder ausgeschalteten Schaufensterbeleuchtung wird die Straße dunkler. Das geht schleichend, wird vermutlich nicht unbedingt von jedem bemerkt.

Eine rundliche Frau mit schwarzem Kopftuch und langem Kleid mit Spiegelstickerei. An der einen Hand einen Jungen, in der anderen eine Portion aus dem Döner-Imbiss. Der Junge weint, zerrt an ihrer Hand, will, so scheint es, dringend einen anderen Weg einschlagen. Die Frau redet auf ihn ein, während sie versucht, mit ihren Zähnen Fleisch aus dem aufgeschnittenen Brot zu ziehen. Letzteres ist ganz offenkundig alles andere als leicht. Beide sind nun im Wege. Eine Horde johlender Jugendlicher will an ihnen vorbei. Gerade dem Bus entstiegen, laufen sie Richtung U-Bahnstation. HSV-Fans! Die um den Hals geschlungenen überlangen Schals lassen da keinen Zweifel zu. Die Meute hastet links und rechts an Mutter und Kind vorbei, über die Treppe den Schacht hinunter. Das Gejohle verhallt, verliert sich im Gemäuer des unterirdischen Röhrensystems. Der Junge hat sich beruhigt, hat jetzt ein Stück von dem Brot in der Hand. Beide entschwinden irgendwo im Grau der Meile.

Ein bunte Reklamezeitung klebt nass am Boden – Werbung vom Drogeriemarkt –, rhythmisch blättert der Wind die Titelseite auf und zu. Busse kommen an. Busse fahren ab. Bremsende U-Bahn-Räder quietschen aus dem Schacht. Männer mit Aktenkoffern und blank geputzten Schuhen. Frauen mit Einkaufstüten an den Händen. Männer im Anorak und dicken Turnschuhen aus Gummi. Frauen im eleganten Bürodress. Jugendliche in Kapuzenjacken gehüllt. Rentner mit Hunden an der Leine. Stadttauben auf der ewigen Suche nach Essbarem. An Gürteln hängende Handschellen. Lederstiefel. Sicherheit versprechende Uniformen. Eine eingedrückte Plastikflasche steht rechts vom Eingang des kleinen Ärztehauses. Davor Erbrochenes. Ein am Boden schnüffelnder Hund ... Nunmehr ist der Parkplatz so gut wie leer. Der rot-weiße Arm der Automatikschranke steht immer noch senkrecht. Die Automatik ist eben defekt. In der Regel ist das der Fall. Hinter der Schranke, die geneigte Ausfahrt runter, und dann rechts in die Hauptstraße abbiegen.

Künstliche Welten

»Leute seid wachsam, es werden euch immer mehr synthetische Lebensmittel angeboten!«, so die Überschrift auf dem Handzettel, der mir gereicht wird. Drei junge Menschen haben sich hier unmittelbar vor dem Eingangsbereich des Supermarktes positioniert und versuchen ganz offensichtlich, möglichst viele der Vorbeigehenden mit dieser Botschaft zu konfrontieren. Ausgangspunkt ist ein kleiner Stand – Tapeziertisch mit weißer Papiertischdecke –, an dem ein Plakat lehnt: »Unserer Nahrungsmittelkette wird zunehmend naturwidriger!«

Da ist was dran, so mein Gedanke, während ich den orangefarbenen Zettel (Flyer mag ich nicht sagen) entgegennehme. Und leider – nicht zuletzt aus rein gewinnorientierten Gründen – reihen sich tatsächlich immer mehr Chemieexperten unter die Mitarbeiter der Lebensmittelindustrie. Das ist eine Tatsache, eine Gegebenheit, die seitens jener Lieferanten kaum noch nennenswert bestritten wird, ja, die keinem auch nur halbwegs wachen Konsumenten ernsthaft verborgen bleiben kann. Im Gehen überfliege ich das Kleingedruckte unter der Überschrift des Handzettels. Wie erwartet deckt sich die Essenz der Zeilen mit meiner Überzeugung. Noch bevor ich den Markt betrete, werfe ich die Proklamation in einen der eisernen Abfallbehälter, die beidseitig der gläsernen Türflügel an eine gewisse Ordnung erinnern. Doch, da ist was dran, denke ich mir, und unweigerlich kommen mir hierzu einige Parallelen in den Sinn.

Diese unsere Welt, wird sie nicht in der Tat fortwährend synthetischer, zunehmend abstrakter und kontinuierlich unwirklicher, und zwar nicht allein mit einem Blick auf die angeführte Thematik? Ja verhält es sich de facto nicht so, dass sich jene Attribute längst schon in so ziemlich jeden Bereich unseres Lebens eingenistet haben, und das mittels einer recht soliden Verankerung?

Haben wir den Gewöhnungsprozess nicht bereits absolviert, liegt sie nicht lange hinter uns, die Umorientierung, die Adaption an das, was auf unserer guten Mutter Erde noch vor nur wenigen Jahrzehnten als Unwirklichkeit, als Fiktion bezeichnet wurde? Sehen wir genauer hin, blicken wir etwas kritischer auf die Gegebenheiten, dann kommen wir nicht daran vorbei, den Verdacht zu unterstreichen. Längst schon hat sich der Mensch daran gewöhnt, einen Computer als Gefährten zu haben, eine Maschine, die ihn lenkt, leitet, kontrolliert und auch unterhält.

Stets und ständig richten wir unseren Blick auf irgendeinen Monitor, konzentrieren uns entweder auf das Angebot der unzähligen, per Kabel oder Satellit gesandten TV-Kanäle, auf die verschiedensten, per Internet angebotenen Offerten, oder gerne auch – in welcher Form auch immer – auf irgendwelche PC-Spiele. Das Miteinander, das geschieht zunehmend innerhalb der so genannten Sozialen Netzwerke, die Artikulation erfolgt in dieser virtuellen Welt per Tastatur und Mausklick. Zahlen sind der Maßstab für Beliebtheit und Ansehen. Zähler werten den Menschen, der sich hinter einem so genannten Avatar verbirgt, unwillkürlich auf oder ab. Eine Gleichschaltung per Automatismus. Wie anders als so sollte oder könnte das beschrieben werden, was uns tagtäglich in den Bann zieht, und zwar im wahrsten Sinne des Wortes. Da klingt mir der Appell: »Leute seid wachsam, es werden euch immer mehr synthetische Lebensmittel angeboten!« höchst vertraut.

Doch. Ja. Eigentlich passt das anfangs bezüglich des Lebensmittelangebots Kritisierte mit dem gerade Erwähnten recht gut zusammen. »Unsere Nahrungsmittelkette wird zunehmend naturwidriger!«, mahnt das am Tapeziertisch lehnende Plakat, und zweifelsohne könnte dort auch der Aufruf hinterlegt sein: »Unser Miteinander wird zunehmend naturwidriger!« Oder? Anbei, nicht etwa, dass ich die Technik unseres Kommunikationszeitalters pauschal verdammen will, das liegt fernab meiner Absicht. Und solange mein Hausarzt seine Patienten nicht per auf ihrem Körper aufgedruckten Barcode registrieren und aufrufen lässt – was, wie ich stark vermute, in gewissen Kreisen bereits so oder zumindest ähnlich in Erwägung gezogen wird –, wird sich meine Kritik durchaus auch innerhalb allgemein verträglicher Grenzen halten. Nein, aber es muss doch erlaubt sein, einen Fingerzeig darauf zu geben, was in unserer Gesellschaft Beachtung findet und was eben nicht.

Wir leben in einer Welt, in der ohne eine Ansammlung von entsprechenden Magnetstreifen kaum noch etwas geht, in der Barcode-Etiketten identifizieren und sortieren, in der Scanner und Sensoren orten und registrieren, in der Überwachungs- und Beobachtungskameras kontrollieren und aufzeichnen, in der Navigationssatellitensysteme bestimmen und leiten. Computer und Computervernetzungen kommunizieren miteinander, haben in der modernen Arbeitswelt die erforderlichen Von-Mensch-zu-Mensch-Gespräche auf das absolute Minimum reduziert. Immer häufiger ersetzt das Mobiltelefon per Kurznachrichtendienst die persönliche Unterhaltung – das allerdings, wie es scheint, nahezu ohne die geringste Unterbrechung. Unser PC erspart uns sowohl den Weg zur Bank als auch den Weg zum Reisebüro, und dank Amazon ebenfalls den Weg zum Buchladen, ja, und sollten wir es wollen, dann spielt er mit uns sogar eine Partie Schach.

Ich kann es mir sehr wohl vorstellen, und dieses Bild zeigt sich mir alles andere als beruhigend, dass es uns Menschen irgendwann einmal tatsächlich schwerfallen wird zu unterscheiden, ob wir es allein mit einer Computersimulation oder mit der Realität zu tun haben. Was ist imaginär, was wirklich?, so lautet dann die deutlich gestellte Frage, gestellt von Seelen, die es mit der Zeit verlernt haben, das für das Leben brauchbare Unterscheidungsvermögen zu erhalten. Fiktion? Ich hoffe ein Ja, und glaube ein Nein. Obgleich es unbestritten völlig irrelevant ist, was ich persönlich an dieser Stelle beurteile, und in welcher Form ich es mache, mag ich hier und jetzt dennoch davon ausgehen, dass sich diese Frage über kurz oder lang einmal unüberhörbar stellen oder besser gesagt regelrecht aufdrängen wird. Kommt der Appell: »Leute seid wachsam ...!« nicht zu spät, egal auf was er sich auch beziehen mag?

Schild(er)bürger

»Da bin ich etwas irritiert, das gebe ich zu, für eine entsprechende Erläuterung wäre ich dankbar.« Meine Freude darüber, in dieser Situation einen kompetenten Ansprechpartner zu haben, wird allerdings durch die Tatsache getrübt, dass jener ebenfalls mit der Fragestellung überlastet scheint. Beide blicken wir nun auf eine Reihe untereinander montierter Verkehrsschilder und versuchen die hier vermittelte Botschaft zu deuten. »Darf ich hier parken oder nicht?«, so der Kern meiner Frage, die sich uns, dem Mitarbeiter des Städtischen Ordnungsdienstes und mir, augenblicklich stellt.

Klar, in Hamburgs Innenstadt einen Parkplatz zu bekommen, das ist alles andere als leicht – wenn die Parkhäuser besetzt sind, nahezu unmöglich –, was meine Bemühung, an der sich mir gerade bietenden Möglichkeit vehement festzuhalten, wohl in den Bereich des Verständlichen rückt. Nach einer rund halbstündigen Odyssee durch die City, stets mehr oder weniger von meinem eigentlichen Zielort entfernt, war ich überrascht und zu gleichen Teilen erleichtert, nunmehr endlich einen Platz für mein Auto gefunden zu haben: Zwei weiße Markierungsstreifen am Boden, dazwischen der Raum für genau (m)einen PKW. Ein Schildermast an der vorderen Markierung: »auf dem Seitenstreifen« und »Mo-Fr 8-18h, Sa 8-12h«, so steht es schwarz auf weiß auf zwei rechteckigen Schildern, die in der Reihenfolge und direkt unter dem runden Schild hängen, das ein eingeschränktes Halteverbot signalisiert. »Gut«, sage ich mir, »heute ist Donnerstag, die Uhr zeigt 18:15, von daher ist das Verbot für heute aufgehoben.«

»Der Parkplatz ist der meinige«, so mein freudiger Gedanke, der mir leider nur so lange vergönnt war, bis ich das vierte Schild entdeckte. Jenes Zeichen, noch unterhalb der zeitlichen Limitierung, ganz augenfällig provisorisch mit Draht angebunden, besteht auf einem absoluten Halteverbot. Darunter nun, man bemerkt es nicht sofort, tatsächlich noch ein weiteres Zusatzschild: »während der Bauarbeiten«, so der Hinweis. Gegenüber, auf der anderen Straßenseite, eine Baustelle. Ein Bürogebäude wird renoviert. Ein Schuttcontainer vor dem Haus. Zwei Bauzaunelemente am Kantstein. Kein Betrieb, was um diese Zeit alles andere als verwunderlich ist. Alles dunkel. Die Arbeit ruht. Ja, und so blicken wir nun beide, der Hüter des Gesetzes und meine Wenigkeit, den Schilderbaum empor und versuchen die Quintessenz der behördlich gesteuerten Hinweise zu ergründen. Ein eingeschränktes Halteverbot, ein absolutes Halteverbot und drei ein- und ausklammernde Zusatzschilder. Darüber darf man nachdenken.

Darüber muss man nachdenken. Das tun wir geradewegs. Darf man jetzt an dieser Stelle seinen Wagen abstellen, oder darf man es nicht? Überschreibt das durch die gegenüberliegende Baustelle bedingte absolute Halteverbot das mittels des zweiten Zusatzschildes (Mo-Fr 8-18h ...) momentan überschriebene, eingeschränkte Halteverbot, und das, obwohl zurzeit de facto keine Bauarbeiten stattfinden, oder ist das im Endeffekt nicht der Fall? Mein Gesprächspartner sieht sich um, zweifelt erkennbar in jede Richtung. Zwar verspüre ich dem Schicksal gegenüber eine gewisse Dankbarkeit, dass es diesen wackeren Vertreter unserer Republik, der gerade ein paar Meter weiter damit beschäftigt war, seinen handlichen Knöllchen-Registrier-Automaten zu füttern, meinen Weg kreuzen ließ, aber zu einem meinem Parkvorhaben begünstigenden Resultat kann er mir nicht verhelfen. Nein, ein Polizist (ein Ordnungsdienstler ist für mich so etwas wir ein Polizist) ist letztlich eben auch nur ein Mensch.

»Lassen Sie es gut sein«, ich versuche den peinlichen Zustand zu beenden, »bevor ich abgeschleppt werde, entferne ich mich besser freiwillig.« Die aus meiner Sicht heraus recht traurige Tatsache, dass selbst ein diesbezüglich Professioneller, ein Experte für Ordnungswidrigkeiten , ein routinierter Verteiler von Strafzetteln, seine Probleme mit der Verkehrszeicheninterpretation hat, mag ich nicht zur Sprache bringen. Ein entsprechender Hinweis ist auch nicht nötig. Nein, ich meine es meinem Gegenüber ansehen zu können, dass wir beide gegenwärtig denselben Gedanken haben. Ob nun – auch völlig außerhalb der regulären Arbeitszeit – das Verbot die Erlaubnis übertrumpft, ja ob sich die Einschränkung überhaupt auf die gegenüberliegende Baustelle bezieht, das bleibt offen. Vielleicht wird in den nächsten Tagen auf dieser Seite eine Baustelle eingerichtet, und die zwei besagten Schilder sind die rechtzeitig anberaumten Vorboten. Oder, auch denkbar, die Arbeiten sind bereits erledigt, und die Schilder sind überflüssig, wurden nur noch nicht demontiert.

Wie auch immer dem sei, wir ziehen ab. Der Uniformträger kann sich endlich wieder seiner Ticketvergabe widmen, und ich bewege mich weiter im Orbit der Innenstadt, stets und ständig vorbei an der unzähligen, gerne mehrfach übereinander angebrachten Beschilderung staatlicher Anweisungen. In alle Richtungen zeigen die auf einem freundlichen Blau geprägten, weißen Pfeile, jene emsigen Helfer der am Verkehr teilnehmenden Bürger. Hier weisen sie nach links, und dort nach rechts, und manchmal – jedenfalls erweckt es in mir den Eindruck –, manchmal zeigen sie tatsächlich sogar nach oben, in Richtung Himmelsblau. Wie nett. Dergestalt wird der Suchende, in dem

Falle ich, unentwegt weiter gewinkt, immer vorbeigelenkt, vorbei an dem eigentlichen Ziel. Hin und wieder unternehme ich den Versuch, gewissermaßen als willkommene Ablenkung, die zahlreichen Zeichen in ihrer Kombination zu verstehen. Da es nahezu 2000 Varianten gibt, ein schier unerschöpflicher Fundus.

Anbei: Der Schilderwald unserer Republik präsentiert uns mittlerweile mehr als 20 Millionen Exemplare, die in ihrer Gesamtheit, mit steigender Tendenz, fürwahr zu einer akuten Verkehrsbehinderung anwachsen. Da es sich noch dazu um rund 700 (!) unterschiedliche Zeichengebungen handelt, ist diese Entwicklung faktisch hausgemacht. Das Signal »Es reicht!« kommt zu spät, die Grenze zum Erträglichen ist längst überschritten. Das wird sowohl von der verantwortlichen Behörde als auch von den verantwortlichen Politikern längst nicht mehr nennenswert in Abrede gestellt. Dass der Bürger obendrein noch mittels Verkehrsschild-Typen gemaßregelt wird, die zwar nicht mehr gültig sind, aber, in Ermangelung einer seitens der Straßenverkehrsordnung erlassenen Übergangsfrist, noch nicht ausgetauscht wurden, das erinnert mich an die Pointe einer vom tosenden Applaus begleiteten Kabarett-Veranstaltung. Zumindest ist somit der Unterhaltungswert sichtlich gewährleistet.

Das alte Karussell

Noch dreht es sich jedes Jahr, wenige Wochen vor dem Weihnachtsfest, besinnlich langsam nach den freundlichen Tönen altbekannter Kinderlieder, und auch wenn es sich immer stärker abzeichnet, dass der Zahn der Zeit es zunehmend verdrängen wird, noch haben es die lauten, trendigen Fahrgeschäfte nicht ganz verdrängt, nein, noch nicht. Ich habe es besucht, habe es mir auf dem Weihnachtsmarkt etwas näher angesehen, wie es, inmitten tänzelnder, wirr und übermütig durcheinanderwirbelnder Schneeflocken so seine Runden dreht. Das alte, stille Karussell ...

Ein außergewöhnlich kleines, kunstvoll gearbeitetes Karussell, das sich da gemächlich im Kreise dreht. Obwohl es am Platze, inmitten des Stadtgewimmels, recht voll ist, gibt es hier kein Gedränge. Mütter, Väter, Großväter sowie Großmütter, nicht zu vergessen die jüngsten der Familien, für die doch letztlich der ganze Zauber erdacht ist, stehen in gemütlicher Runde um das sich im Kreise drehende Objekt kindlicher Freude. Und eben diese Freude empfinden nicht allein die im Schnitt zwei- bis fünfjährigen Buben und Mädel, sondern, man spürt es, ja kann es den leuchtenden Augen mühelos ansehen, ebenfalls ihre erwachsenen Begleiter. Einige konzentrieren sich auf den Erwerb der benötigten Eintrittsmarken, kleine Kärtchen, die jeweils den Gegenwert für die Fahrrunden darstellen. Das bescheiden winzige Zahlhäuschen, das ebenfalls nach den Motiven alter Vorbilder gefertigt wurde, steht wohlbehütet im Schutze einer eigens dafür aufgestellten, haushohen und dickstämmigen Tanne.

Zumeist paarweise und in fast gleichen Abständen zu den Vorangehenden drehen die vertrauten Partner friedlicher Kinderträume ihre Runden. Zwei stolze Pferde – ein Schimmel und ein Rappe – traben auf gleicher Höhe gemächlich nebeneinander her. Auf ihren Sätteln, die Schuhe in den Steigbügeln eingehakt, zwei über das ganze Gesicht strahlende Buben. Dahinter ein verschmitzt lächelnder grauer Esel mit auffallend langen Ohren und daneben ein vergnügt grunzendes rosa Schwein. Über dem gemütlich dicken Bauch des Schweins sitzt, mit weit auseinander gespreizten Beinchen, ein etwa dreijähriges Kind. Eine zuverlässige Einschätzung, ob es sich hier um einen Jungen oder ein Mädchen handelt, lässt das, was die gefütterte Kapuze der dicken Winterjacke noch von dem glühend rotbäckigen Gesicht zu erkennen gibt, nicht zu. Eine leicht wippende Schaukel, genauer gesagt, zwei von Künstlerhand bemalte Mondsicheln mit einem bequemen Plüschsofa in der Mitte, behauptet sich hinter den Tieren.

Das burgunderrote Sitzpolster der Mondschaukel ist nicht besetzt, lediglich ein abgegriffener, einäugiger Teddy aus flauschigem Stoff liegt zu seinen Füßen, stiert etwas unbeholfen auf die großen, geschlossenen Augenlider der Mondsicheln. Stumm, weise nickend, fährt der andächtig wirkende Bewohner der Himmelsgewölbe an mir vorbei und entschwindet in Drehrichtung, dicht gefolgt von einem blauen und einem grünen Motorrad. Beide Krafträder, mit ausholend elegant geschwungenem Lenker bestückt und in Form und Farbe, wie unschwer zu erkennen ist, den amerikanischen Maschinen der 50er Jahre nachempfunden. Das blaue Motorrad besitzt einen zeppelinförmigen Beiwagen, dessen mittels einem weichen Lederwulst sorgsam gepolsterte Einstiegsöffnung besonders einladend wirkt. In dem Wagen genießt eine junge Dame die Spritztour, die voller Bewunderung den weit nach vorne übergebeugten Rennfahrer anstrahlt, der mit wehendem Schal hochkonzentriert das knatternde Gespann durch die scharfe Linkskurve lenkt.

Anmutige Pferde, ein freundlicher Esel, ein gutgelauntes Schwein, ein gutmütiger Mond und zwei Motorräder, ein stolzer Vogel Strauß, ein schüchternes Reh, ein mondäner Schwan und ein knallroter Feuerwehr-Leiterwagen: eine wirklich grandiose, in den schönsten Farben gehaltene Revue, ein durch und durch kindgerechtes Gastspiel auf engstem Raume. Immer wieder präsentieren sie sich den Zuschauern aufs Neue, zeigen sich stets von ihrer besten Seite, sie, die wohl nie ermüdenden Bewohner des Karussells. Immer und immer wieder verschwinden sie nach rechts, um verlässlich erneut von links zu erscheinen, die stolz trabenden, verschmitzt lächelnden und vergnügt grunzenden fantastischen Tiere, so wie die sanft wippenden, erregt knatternden und alarmierend bimmelnden Nachbildungen überschaubarer Technik von gestern. Immer und immer wieder vorbei an den leuchtenden Augen der sichtlich verzauberten Besucher jeglichen Alters.

Lediglich unterbrochen durch die kurzen Pausen zwischen den Fahrrunden, in denen erneut die Eintrittskärtchen eingesammelt werden, erscheint alles in einer herrlich harmonischen Bewegung zu sein. Einige der jungen Fahrgäste steigen dann aus, andere ein, wieder andere wechseln die Plätze oder bleiben fest entschlossen sitzen. Musik erklingt. Offensichtlich aus dem kleinen Zahlhäuschen heraus gesteuert, ertönen frohe Weisen, Klänge, die sich mit dem Erlebten, ja mit der momentan entfachten Fantasie der Kinder, gut vertragen. Das Karussell setzt sich sacht in Bewegung. Die Mondsicheln mit ihren großen, geschlossenen Augenlidern schleichen nickend an mir vorbei. Ja, noch gehört es zum Weihnachtsmarkt, denke ich mir, dreht inmitten übermütig durcheinanderwirbelnder Schneeflocken besinnlich seine Runden. Ein Kreisen. Leuchtende Augen. Eine Glückseligkeit. Und ja, was ermutigt uns mehr zur Hoffnung, als das aus dem Herzen kommende Lachen eines Kindes?

Das Fahrgeschäft wird von einem gefälligen älteren Ehepaar betrieben, das mir bereitwillig einige meiner Fragen beantwortet, Fragen, die sich mir bezüglich des Karussells stellen. Von ihnen erfahre ich, dass es in Holland per Handarbeit und in sehr geringer Stückzahl hergestellt wurde und dass die beiden, die im gegenseitigen Wechsel den Dienst an der Kasse des Zahlhäuschens versehen, auch die Eigentümer dieses Kleinods sind. Aus dem Inneren der beheizten Bude heraus verteilen sie die Eintrittskärtchen und steuern äußerst aufmerksam sowohl die Geschwindigkeit des Karussells als auch die Auswahl und Lautstärke der Musik. Zeitweise ertönen ihre Stimmen selbst aus den Lautsprechern der Musikanlage. Kurz und bündig eingeblendete Anordnungen, wie da sind: »Bitte die Plätze einnehmen, es geht gleich weiter! – Das Kind auf dem Schwan möchte sich bitte setzen!« und: »Bitte die Türen der Feuerwehr schließen!« unterbrechen dann für Sekunden die musikalische Begleitung.

Mit dem Ausklang des Liedes »Die Petersburger Schlittenfahrt« drosselt das Karussell merklich seine Fahrgeschwindigkeit, bremst behutsam ab. Von links kommt er lautlos und leicht wippend angeschlichen, der gute Mond. Zeitgleich mit dem Stillstand der Plattform unterbricht er das weise, bedächtige Nicken. Unmittelbar vor mir kommen der graue Esel und das rosa Schwein zum Stehen. Aus jeglicher Richtung der umstehenden Runde kommend, nähern sich entschlossen die Väter, Mütter, Großväter und Großmütter ihren Schützlingen, um sie in Empfang zu nehmen. Diejenigen, die beabsichtigten, ihren Nachwuchs für die nun folgenden Runden auf eines der bunten Karussellbewohner zu setzen, machen sich spätestens jetzt auf den Weg. Mit dem von Hoffmann von Fallersleben gedichtetem Lied »Ein Männlein steht im Walde« nehmen die amüsanten Tiere, die Feuerwehr und auch der Mond ihre allseits geschätzte Tätigkeit wieder auf. Die Kinder sitzen mehr oder weniger fest im Sattel, das erwachsene Geleit tritt zurück …

Süßer die Glocken nie klingen

Vielleicht ist es ja heutzutage hierzulande nicht mehr zeitgemäß, das Weihnachtsfest mit einer Hoffnung zu verbinden, zu erfassen mit dem stets erneut entflammenden und sehnlichst herbeigewünschten Gedanken an Frieden auf unserer Erde. Vielleicht benötigt der Mensch dieses christliche Gedankengut momentan nicht mehr oder ist zumindest der Meinung, darauf nunmehr verzichten zu können. Mag sein, dass es sich so verhält. So oder ähnlich muss es sich aber wohl verhalten, wie ich vermute.

Anders kann ich es mir jedenfalls nicht erklären, warum mit jenem Feste so umgegangen wird, wie es in diesen Tagen zu beobachten ist. Zumindest ist es uns, den Vertretern der kommerziell orientierten Konsumgesellschaft, gelungen, Weihnachten konsequent von all dem zu trennen, was in irgendeiner Form an Gott, an Christus und an die daraus resultierenden Erwartungen erinnern könnte. Zwar kreuzt es zum Jahresende allerorts unsere Wege, das Arrangement »Stall mit Schafen, Kühen, Hirten, Eltern und Kind in der Krippe«, dennoch kann dieser Umstand kaum darüber hinwegtäuschen, dass es sich hier letztlich nicht um einen Hinweis auf Christus als Erlöser, sondern um eine Randerscheinung inmitten der vielen Werbekampagnen handelt. Wie, um ein Beispiel zu nennen, wie präsentieren sich denn in der sogenannten Vorweihnachtszeit die Auslagen der Kaufhäuser – Spielzeugläden gibt es ja kaum noch –, wenn es gilt, unsere Kinder anzusprechen:

Das allerneueste Firmware-Update der PlayStation, kartonweise gestapelt rund um die per LEDs beleuchtete Weihnachtskrippe aus Plastilin. Im Vordergrund die schrill-hektische Stimme vom Endlosband: »Durchladen und entsichern – stell dich dem Wahnsinn auf PlayStation 3!«, und im Hintergrund dazu das alte schlesische Volkslied: »Süßer die Glocken nie klingen« auf der Blockflöte. An dieser Stelle erkenne ich zwar keinen Widerspruch bezüglich der gegenwärtigen Zeit, in der wir leben, durchaus aber einen deutlichen Widerspruch zu dem eigentlichen Sinn des Festes, das wir glauben dergestalt jedes Jahr erneut zelebrieren zu müssen. Zugegeben, es ist weniger die nahezu morbide Inszenierung der Werbung, die mich hier stört, vielmehr fällt es mir unangenehm auf, unter welcher Überschrift jene Aktionen wie selbstverständlich für uns hinterlegt werden: »Weihnachten – das Fest der Liebe und der Besinnung!“

Nicht etwa, dass ich den Menschen Weihnachten unbedingt schlechtreden will, die sich aufrichtig bemühen, jenem Feste tatsächlich eine besinnliche Zeit abzugewinnen, und denen dies auch nach wie vor zu gelingen scheint. Das liegt fernab meiner Absicht. Allerdings gelingt es mir – stets so um die Jahreswende – aber auch nicht, völlig zu übersehen, dass die überwiegende Mehrheit jene Festivität – freiwillig wie unfreiwillig – zu einer wahren Konsumorgie degradiert. Nicht allein das. Dieser Widerspruch ist in den Tagen rund um Weihnachten herum allem Anschein nach selbst für die Menschen nur schwer verdaulich, die in diesen Tagen bemüht sind, nach allen Seiten hin eine auffallende Fröhlichkeit zu offenbaren. Ob es nun zugegeben und offen ausgesprochen wird oder nicht, markant oft jedenfalls wird die Ausrichtung der Festlichkeiten – bewusst wie unbewusst – als ein Ritual empfunden, das sich von Jahr zu Jahr anstrengender und aufdringlicher zeigt.

In den Hinterköpfen mag sich durchaus noch deutlichst das abspielen, was man einmal aus anheimelnden Erinnerungen heraus so sehr an Weihnachten geliebt hat. Das ist verständlich. Und ebenso verständlich ist es, dass gerne versucht wird, das Alte mit dem Neuen zu verbinden, ergo mit allen Mitteln versucht wird, dem Gesicht des heutigen Weihnachtsfestes möglichst die Besinnlichkeit und Wärme des Althergebrachten aufzusetzen, als Maske sozusagen. Wir Menschen schminken gerne das Drumherum unserer Gegenwärtigkeit. So erklärt es sich vielleicht auch, dass wir zum Weihnachtsfest plötzlich die Bereitschaft zeigen, geduldigst, wie gezielt, genau all die Umstände zu ertragen, denen wir normalerweise lieber konsequent aus dem Wege gehen. Beispielsweise laden wir, ohne mit der Wimper zu zucken, vierzehn unserer Nächsten zum Essen ein, obwohl mit Kraft gerade mal acht Personen am Tisch des Hauses Platz haben können.

Oder ein weiteres Beispiel, wir greifen auf die Möglichkeiten, Gast zu sein oder Gäste zu empfangen, in einer Frequenz zu, die dem uns zur Verfügung stehenden Zeitrahmen eindeutig widerspricht. So geschieht es dann auch, dass wir uns viel zu oft in völlig überheizten Räumen nach einem halbwegs akzeptablen Platz sehnen, was wir hin und wieder mit dem Versuch unterbrechen, einige halbwegs klare Sätze – mit wem auch immer – austauschen zu können. Letzteres ist bei dieser organisierten Besinnlichkeit allerdings kaum möglich. Die Tatsache, dass hier wie dort in einer Masse Geschenke überreicht werden, dass nicht allein das Bezahlen, sondern ebenfalls das Ein- und Auspacken jener Gaben ein Superlativ ausmacht, die liefert einen weiteren Meilenstein hin zur Dekadenz. Die Konsequenz aus allem fördert, zumindest unterschwellig, eine Desillusionierung, die sich huckepack sitzend an die Schultern der Beteiligten klammert.

Versetzt uns ein im Wohnzimmer des Hauses positionierter Nadelbaum aus dem Walde in die Lage, all das aufzuhalten oder zumindest auszuhalten? Vermag die mittig auf dem Sideboard zurechtgerückte Nachbildung eines bethlehemischen Stalls nebst Kind in der Krippe darüber hinwegzutäuschen, dass hier rein kommerzielle Interessen in vorderster Reihe stehen? Können all die stetig anwachsenden Berge aus Schachteln und Paketen tatsächlich die Atmosphäre hervorrufen, die vor einigen Jahrzehnten noch die glänzenden Augen der Kinder entfacht haben, die ein einziges (einziges!) neues Spielzeug in den Händen hielten? Kann das opulente Angebot an Süßigkeiten, welches überaus bunt in den rostfreien Regalen und Auslagekörben der Supermärkte platziert wird, auch nur annähernd in dem kleinen Enkelkind die Freude schüren, die das ehemals eigens von der Großmutter gebackene Männchen mit Zuckergussgesicht zu bewirkten vermochte?

Kann die so gut wie nie nadelnde Edeltanne, Hand in Hand mit der allweihnachtlichen Marzipanbrot-Orgie – die verlässlich bereits ab Oktober des Jahres knallhart süßlich zelebriert wird – aus der sich aufdrängenden Übertreibung die gewünschte Bescheidenheit zaubern? Nein, eigentlich nicht. Nach außen ja, nach innen nicht. So meine Überzeugung. Geborgenheit und

Herzenswärme, sie können weder synthetisch hergestellt noch kommerziell erworben werden. Weder die Automatisierung noch der Überfluss sind die Weggefährten der Besinnlichkeit. Besinnlichkeit kann nicht, etwa mit dem Abriss eines Kalenderblattes beginnend, angeordnet werden. Andacht ist nicht per Knopfruck ein- und auszuschalten. Nein, auch wenn wir es in unserer digitalisierten Welt gewohnt sind, so ziemlich alles per Tastatur und Mausklick abrupt und in einem schier unermüdlichen Wechsel erscheinen und wieder verschwinden zu lassen.

Es liegt weder in meiner Absicht, die sogenannten guten alten Zeiten einzuklagen noch den natürlichen Verlauf der Dinge aufzuhalten. Beides trifft es nicht. Jede Zeit hat ihre Rahmen, ihre abgegrenzten Gegebenheiten, die nun einmal dieses einklammern und, damit einhergehend, jenes ausklammern. Gerade in Anbetracht dessen dürfen wir uns allmählich einmal fragen, ob wir uns weiterhin dazu zwingen (lassen!) sollten, um jeden Preis ein Brauchtum am Leben zu erhalten, das uns Menschen zwar einen tieferen Sinn anbietet, dessen Inhalt wir aber mittlerweile nahezu völlig aus unserem Leben verbannt haben; ein Brauchtum eben, dessen Existenz ausschließlich um die Jahreswende und allein durch eine unentwegt künstliche Beatmung aufrechtzuerhalten ist, de facto durch eine sich stets wiederholende Reanimation eben, die weder ein frisches Leben noch ein würdiges Sterben der besagten Tradition ermöglicht.

Was mich betrifft, ich werde mich an dieserart Weihnachten nicht gewöhnen. Es ist mir zu schnell, zu hell und zu warm. Mit der alles beherrschenden Hektik, dem grellen Licht der Auslagen und den überheizten Zimmern mit Baum und Krippe will ich mich nicht anfreunden. Allerdings – schenkte mir jemand in diesen Tagen ein Buch, vielleicht sogar noch mit einer per Hand geschriebenen Widmung, und könnte ich, was die Erwartungshaltung bezüglich der von mir zu überreichenden Geschenke betrifft, sicher sein, dass meine Nächsten tatsächlich ebenfalls mit solchen oder ähnlich solchen Dingen zufrieden sind, und würde man es mir auch nicht verübeln, dass ich die eine oder andere Einladung zum Feste weder aussprechen noch annehmen kann, ja dann wäre ich bereit dazu, bei einem guten Essen – in möglichst überschaubarer Runde – über Weihnachten zu sprechen, über Weihnachten und über die Zuversicht, die die Stille dieses Festes zu vermitteln vermag.

Zwar würde mir für gute Gedanken die Wärme einer einzigen Kerze völlig ausreichen, wie es übrigens das ganze Jahr über der Fall ist, ich hätte aber auch keinen Einwand gegen ein kleines Bäumchen aus dem Walde, gegen einen kleinen Tannenbaum, der nicht bis zur Decke des Zimmers reichen muss. Das ließe dann auch in diesen Tagen genügend Raum für Begegnungen, für Gespräche mit den Menschen unserer näheren Umgebung, die situationsbedingt kaum noch angesprochen werden. Vielleicht hat dergestalt der tiefere Sinn des Festes – der authentische Inhalt des Brauchtums Weihnachten – wieder einen Platz an unserem Tisch. Ich halte nichts von organisierter Religion – das ist aber ein anderes Thema –, dennoch bin ich immer wieder versucht, für den eigenen Lebensweg den christlich orientierten Pfad zu beschreiten. Insofern habe ich ein Verhältnis zu Gott, zu Jesus Christus, dem doch das Weihnachtsfest ursprünglich gewidmet ist.

Endstationen der Gesellschaft

»Der kommt gerade zum richtigen Zeitpunkt, im Winter ist das nichts mit den vielen Plastiktüten.« Mit einer sichtlichen Freude im Minenspiel nimmt mir mein Gegenüber den grünen Rucksack aus den Händen, den ich ihm entgegenhalte.

»Dass du daran gedacht hast. Danke!« Einige der vorbeigehenden Passanten blicken uns kurz an. Wir stehen im Weg. Beide treten wir etwas dichter in Richtung Hauswand, an der sich mein Gesprächspartner ganz offensichtlich einen Platz eingerichtet hat. Eine alte Wolldecke liegt zusammengefaltet am Boden.

Auf einem meiner Spaziergänge durch die Innenstadt begegnete ich Martin das erste Mal. Die Begebenheit liegt wohl zwei bis drei Wochen zurück: An derselben Fassade wie heute – allerdings ein paar Schritte dichter am Haupteingang des Alsterhauses – saß er, hielt einen Becher in der Hand. Zwischen ihm und den Gehwegplatten die doppelt gelegte Wolldecke. Ich blieb stehen, warf eine Münze in den Becher. Wir kamen ins Gespräch. Seine überaus freundliche Ausstrahlung fiel mir sofort auf, eine natürliche Freundlichkeit, die mir hinsichtlich seiner Situation alles andere als erklärlich erschien. Auf die bis zum Bersten vollgestopften Supermarkt-Plastiktüten an seiner Seite angesprochen, erzählte er mir, dass man ihm vor einigen Tagen in der Nacht seine Tasche stahl, eine zwar alte aber dennoch brauchbare Reisetasche, die seine begrenzte Habe durchaus aufzunehmen vermochte. Ich sagte Martin, dass ich da eine Idee hätte, dass ich wiederkommen würde.

»Ein Tragegestell-Rucksack. Du kannst ihn haben. Meine Zelt-Wander-Trekking-Zeit gehört längst der Vergangenheit an, und bevor er sich auf meinem Dachboden totlagert ...« Obgleich ich es ihm versprach, hatte er nicht mit meinem Wiederkommen gerechnet, das meine ich ebenfalls seinen Gesichtszügen entnehmen zu können. Der Stadtstreicher bückt sich zu seinen drei dicht aneinander gestellten und an die Wand gelehnten Tüten. »Das war aber auch höchste Zeit«, mit einem Lächeln weist Martin auf die vielen Risse in den gestreckten Plastikschichten, »die hätten es nicht mehr lange ausgehalten.« Schnell wechseln die Habseligkeiten, zumeist wollene Kleidungsstücke, ihren Aufbewahrungsort. Einige Passanten blicken uns immer noch fragend an, obwohl wir ihnen nicht mehr im Wege stehen. Letzteres liegt, wie ich vermute, an dem momentanen Umzugsgeschehen, das, wie es scheint, ein kurzes Innehalten wert ist.

Mein Blick richtet sich indes zum feudalen Eingangsbereich des Alsterhauses. »Wieso hast du den Platz gewechselt, passtest du etwa nicht mehr zu dem exklusiven Ambiente des Kaufhauses?« Meine Ironie wird verstanden. »Die haben Angst, dass ich ihnen Konkurrenz mache«, Martin zurrt den nunmehr prall gefüllten Rucksack zu, »und das kann ich denen doch nicht antun.« Wie auch immer dem sei, wir wissen beide, wovon wir sprechen, diesbezüglich erübrigt sich jeder weitere Kommentar. Einerseits stellt sich bei mir allmählich ein gewisses Hungergefühl ein, andererseits habe ich aber noch eine Frage an meine neue Bekanntschaft. Was tun? Vielleicht kann ich das eine mit dem anderen verbinden. »Martin, jetzt, wo deine Sachen bereits so handlich gepackt sind, könnten wir da nicht gemeinsam eine Kleinigkeit essen – ich lade dich ein.« Die Idee ist zwar gut, wird trotzdem nur zögerlich angenommen. Wir machen uns auf den Weg.

Habe verstanden. Ein Restaurant wird nicht in Erwägung gezogen. Dafür sprechen gleich mehrere Gründe. Jetzt, wo Martin merkt, dass ich dafür Verständnis habe, ja dass es keinesfalls in meiner Absicht liegt, solch einen Ort aufzusuchen, ist ihm merklich wohler. Hier, im Kamps-Backshop direkt am Gerhard-Hauptmann-Platz bekommen wir alles, was wir brauchen: belegte Baguettes, Hocker am Stehtisch, eine ungezwungene Atmosphäre. Dessen ungeachtet fällt ihm das Essen schwer. Irgendwie, irgendwie empfindet er es hier als Belastung, als eine Art Zeremonie vielleicht, ein Ritual, das sich ihm gegenüber in jeder Hinsicht als befremdend erweist. Ich merke das. Nun ergeht es mir ähnlich, stelle den Teller mit dem halb aufgegessenen Baguette beiseite. Ganz anders verhält es sich mit dem Sprechen. Wir unterhalten uns ausgesprochen gut. Ich hole uns zwei Becher Kaffee, nutze die kleine Unterbrechung, um mich auf meine Frage zu konzentrieren.

Was muss passieren, bevor ein Mensch auf der Straße landet, ja, welche Stationen liegen auf der Strecke, die letztendlich und unterm Strich zu dieser absoluten Endstation führen? So lautet die Frage, deren Beantwortung ich von einem Menschen erhoffe, der es wissen muss. Und Martin, der eher fröhlich wirkende Stadtstreicher aus Hamburgs Innenstadt, der spricht mit mir über jenen Kurs. Bereitwillig erzählt er mir seine Geschichte und lässt zeitgleich keinen Zweifel daran zu, dass es ihm gut tut, sie jemandem erzählen zu können. Jetzt, im Alter von 31 Jahren, kann er es begreifen, welche Weichen er damals, vor rund zwölf Jahren, falsch stellte. So seine Beteuerung. Allerdings ist es nun zu spät. Alles kam anders als erwartet. Ganz anders. Die Fehler tarnen sich, erscheinen in der Regel perfekt maskiert, geben sich gerne als der Weisheit letzter Schluss aus. Das rechtzeitig zu unterscheiden ist nicht immer leicht.

Seine Eltern waren geschieden. Seine Mutter fand einen neuen Lebenspartner. Zu dritt wohnten sie in der fünften Etage eines Hochhauses. Er, Martin, nicht freiwillig. Grundschule. Lehre. Ausbildung zum Bauschlosser. Nach Beendigung der Lehre nicht übernommen. Arbeitslos. Was konnte er tun, was lassen, was, wann ändern? Der Freund seiner Mutter, ein Türke, der relativ erfolgreiche Inhaber eines Gemüseladens, war stolzer Besitzer eines Mercedes. Als sich Mutter nebst Partner eine Urlaubsreise gönnten, verkaufte Martin jene Nobelkarosse kurzerhand innerhalb zwielichtiger Kreise. Nun hatte er vorübergehend das, was man in unserer Gesellschaftsordnung gefälligst zu besitzen hat – er hatte Geld. Der Türke setzte ihn – mit der Rückendeckung der Mutter – vor die Tür. Trotzig und enttäuscht zu gleichen Teilen freundete er sich mit der Freiheit der Straße an. Ausweis abgelaufen. Kein fester Wohnsitz. Kein neuer Ausweis. Drogen, Alkohol? Klar, auch das …

Beide kommen wir nicht umhin, über die Geschichte zu schmunzeln, was sicherlich daran liegt, dass der konsequente Verkauf des Mercedes – fürwahr eine waschechte Schmierenkomödie – die Gedanken lenkt. Dennoch hat diese unüberlegte Handlung eine entscheidende Abzweigung bewirkt, war richtungweisend für den Weg zu einem realen Teufelskreis: kein fester Wohnsitz, ergo keine Papiere, keine Papiere, ergo keine Arbeit, keine Arbeit, ergo kein Geld, kein Geld, ergo keine Wohnung, keine Wohnung, ergo ... Das, was zurzeit in unserer Republik für einen Zeitgenossen mit einem normalen sozialen Hintergrund schon hinlänglich schwer zu erreichen ist, nämlich eine Arbeit zu bekommen, mittels der man seinen Lebensunterhalt, ja allein den natürlichen Bedarf problemlos finanzieren kann, das ist für einen Menschen von der Straße nahezu unmöglich. So seine Geschichte, so seine Situation.

Meine Frage wurde nicht beantwortet. Nicht wirklich. Nicht in dem von mir gemeinten Sinne. Vermutlich ist sie nicht zu beantworten. Jedenfalls nicht allgemeingültig. Nein, zu viele Varianten spielen hier eine Rolle, zu viele Gegebenheiten dürfen die Weichen stellen, Weichen, die diesen unseren Lebenszug stracks in Richtung Endstation befördern können. Martins Schnitzer war der für sein Leben entscheidende Fehler. Und ja, apropos Fehler, eine Bemerkung, recht leise und eher ernst von Martin gesprochen, hat sich fest in mein Erinnerungsvermögen verankert. Ein Hinweis, der einmal mehr die gnadenlose Realität unsere Zeit offenbart. Auf meine Frage hin, wer oder was nun seiner Meinung nach an seiner aussichtslosen Lage schuld sei – und an dieser Stelle erwartete ich so etwas wie eine Verbitterung –, antwortete er mir mit den Worten: »Ich bin selber schuld, an meiner Misere, aber unsere Gesellschaft ist nicht mehr bereit einen, Fehler zu verzeihen.«

Ronja, wir müssen!

»Tschüss Ronja«, unmittelbar vor der großen Eingangstür bleibt die junge Mutter mit ihrem Töchterchen stehen, »du gehst gleich nach der Schule mit zu Rebecca. Rebeccas Vater holt euch beide nach der letzten Stunde ab.« »Aber Mama ... «»Du, Ronja«, die Mutter unterbricht den Ansatz des Kindes, »es ist schon sehr spät. Du musst dich beeilen. Wir können später alles besprechen. Geh jetzt bitte rein.« Ronja ist sieben Jahre alt und geht in die zweite Klasse. Die Uhr zeigt auf 8:55. Pünktlich um 9:00 Uhr beginnt der Unterricht.

Flüchtig, dennoch betont liebevoll tätschelt die rechte Hand der Mutter mehrfach Ronjas Schulter. Ein Abschiedszeremoniell, ein Ersatz für eine etwaige Handreichung, die aus der Situation heraus nicht möglich ist. Das Kind hat keine Hand frei. In der einen Hand einen Turnbeutel und in der anderen ein Blockflötenetui haltend, schreitet das kleine Mädchen die wenigen Meter in Richtung Eingang. Im Fortgehen blickt die Mutter sich mehrfach um, sieht, wie ein prall gefüllter, übergroß wirkender Schulranzen hinter der schweren Tür verschwindet. Ihre Tochter hat sich nicht mehr umgedreht. 9:00 Uhr – mit einem schrillen, lang anhaltenden Läuten kündet die Schulglocke den Beginn des Unterrichts an, trennt konsequent die Freizeit von der Pflicht. Ein Schulranzen, ein Turnbeutel und ein Blockflötenetui hasten die letzten Treppenstufen zum ersten Stockwerk hoch. Wieder einmal kommt Ronja zu spät in das Klassenzimmer.

So, oder ähnlich beginnt für Mutter und Tochter in der Regel jeder Tag innerhalb der Woche. Die Zeit ist knapp, besonders die Minuten des Morgens sind streng eingeteilt. Montags und freitags beginnt die Schule um 8:00 Uhr, was das Szenario dann deutlich schneller ablaufen lässt. Dann kann es schon mal vorkommen, dass Ronja, ohne zu frühstücken, das Haus verlässt. Und ja, bis das für den Ablauf des Tages Erforderliche besprochen ist, beziehungsweise alle Sachen zusammengesucht und eingepackt sind … Es ist alles andere als leicht. Stets und ständig dieselbe Problematik, immer die gleichen Diskussionen. Die Mutter ist schlecht gelaunt, was sich auf das Kind überträgt. Klar, das bezieht sich auf Gegenseitigkeit. »Mein Aufgabenheft, ich finde mein Aufgabenheft nicht.« »Liegt es vielleicht noch auf dem Wohnzimmertisch? Ronja, sieh doch mal schnell nach.« »Wo ist meine grüne Mütze? Die Rote mag ich nicht.« »Ronja, wir müssen!«

Was die knappe Zeit betrifft, das allmorgendliche Hetzen, so haben sich beide längst an diesen Umstand gewöhnt, jedenfalls nach außen. Gerade mal vierzehn Monate alt war Ronja, als sie von montags bis freitags so gegen 8:00 Uhr an der Haustür von Frau Dietrich in Empfang genommen wurde. Frau Dietrich ist Tagesmutter, sie hat das Kind dann jeweils bis um 16:30 Uhr betreut. Als sie dann drei Jahre alt war, stand ihr ein Platz im Kindergarten der hiesigen Gemeinde zu. Dort gibt es zwar stets mehr Anmeldungen als vorhandene Plätze, aber der Antrag lief bereits seit über eineinhalb Jahren, und es hat dann übergangslos geklappt. Dort wurde sie zwischen 8:45 und 8:50 Uhr abgegeben und musste bis spätestens 16:00 Uhr abgeholt werden. Die Mutter konnte die Übergabe des Kindes in den meisten Fällen mit ihrer Arbeitszeit vereinbaren, allerdings mehr schlecht als recht, was in der Natur der Sache lag. Das Abholen hingegen war problematischer.

Vor rund acht Jahren zogen Mutter und Vater in den sogenannten Speckgürtel der Großstadt, finanzierten sich dort ein Reihenhaus in einer Neubausiedlung. »Unsere Kinder sollen auf dem Lande aufwachsen«, hieß es. Tagesmutter, Kindergarten und Schule sind im Ort, die Arbeitsplätze der Eltern in der Stadt, die nunmehr fünfundzwanzig Kilometer entfernt ist. Das Eigenheim muss bezahlt werden. Der Arbeitsplatz ist nun wichtiger denn je. »Letzten Endes ist doch alles eine Frage der

Organisation.« Was das Abgeben und das Abholen betrifft, so hatte und hat der Vater da wenig Spielraum, in seinem Beruf ist er viel auf Reisen. Die Mutter kann da eher variieren, kann einiges von zu Hause aus erledigen. Letzteres verlangt zwar hin und wieder eine zähe Verhandlung mit dem Chef, lässt sich dann aber irgendwie einrichten. Jedenfalls ist das der Verbleib, das Ergebnis der Organisation. Aus dem Freundeskreis heraus stößt man auch auf Hilfsbereitschaft.

Wie heute ist Ronja des Öfteren gleich nach der Schule verabredet. Der Unterricht ist um 13:00 Uhr beendet. Irgendwer holt sie immer ab. Meistens die Mutter, oft ist es die Mutter einer Klassenkameradin, eher selten ihr Vater. Entweder bekommt sie dann Besuch von einer Freundin, oder sie besucht eine Freundin. Heute wird sie die Nachmittagsstunden bei Rebecca verbringen. Heute ist Dienstag, da kann eine solche Verabredung stattfinden. Morgen und übermorgen geht das nicht. Mittwochs hat Ronja Ballett und donnerstags Judo. Ab Freitag sind dann wieder Treffen möglich. Allerdings werden bekanntlich vornehmlich die Wochenendtage für die Kindergeburtstagsfeiern gewählt, und bedingt durch ihren großen Freundeskreis wird ihr das ganze Jahr über in regelmäßigen Abständen die eine oder andere Einladung gereicht. Selbstverständlich lädt sie ebenfalls die meisten ihrer Freundinnen zu ihrem eigenen Geburtstag ein.

Eigentlich ist Ronja nach dem Unterricht noch bis 14:00 Uhr in der sogenannten Betreuung angemeldet. Im Rahmen dieser Stunde bietet die Schule den Kindern die Möglichkeit, auf dem Gelände ein Mittagessen einzunehmen. Danach werden dann unter Aufsicht die Hausaufgaben erledigt. Eine runde Sache. Heute isst sie bei Rebecca, vielleicht zusammen mit Rebeccas Eltern. Die Hausaufgaben macht sie dann später mit ihrer Mutter, spätestens nachdem sie wieder abgeholt wurde, wenn sie wieder zu Hause ist ... »Hallo, ihr beiden Räuber«, Rebeccas Vater hält die schwere Schuleingangstür für die Mädchen weit geöffnet, »da seid ihr ja.« Zwei prall gefüllte Schulranzen, zwei Turnbeutel und zwei Blockflötenetuis kommen kichernd den Flur entlang. Ronja bleibt stehen, rempelt sich lachend mit einem Kind, das ebenfalls gerade den Klassenraum verlassen hat. Rebeccas Vater blickt zur Uhr: »Ronja, wir müssen!«

Anbei: Das, was unsere heranwachsenden Kinder heutzutage innerhalb ihres Tagesablaufes erleben, was ihnen die heutige schnelllebige Zeit abverlangt, das zeigt sich nicht selten von einer Eile umrahmt, die besorgniserregend ist. Immer häufiger wird der berechtigte Wunsch nach einem Innehalten vom Termindruck ausgeschlossen. Hektik ist der strenge Dirigent der Gegenwart, der mit seinem gewaltigen Orchester die Ruhe konsequent zu übertönen versteht. Kleine Seelen haben sehr leise Stimmen, wir wissen das doch, ihr zaghaftes Rufen verirrt sich oftmals im Raume, verhallt dann an den Wänden der Rasanz. Die Realität, die Auswirkungen unserer Ignoranz wird kaum noch wahrgenommen, eher nicht. Obwohl wir immer spürbarer mit den Folgen konfrontiert werden, lassen wir das Rad kontinuierlich schneller drehen. Viele Kinder sind überfordert, haben keinen ausreichenden Freiraum, werden depressiv.

53° 32‘ 24“ Nord, 9° 58‘ 58“ Ost

Für diese Sekunden scheint es so, als sei es ihm egal, dass der frische Herbstregen gegen sein Gesicht klatscht, als mache es ihm nichts aus, für diesen Moment schutzlos dem nasskalten Wetter ausgesetzt zu sein. Gebannt richtet sich sein Blick nach oben, während die Kapuze seiner Wetterjacke langsam immer weiter in Richtung Nacken rutscht und dergestalt dem Niederschlag einen Weg über das gesamte Antlitz ermöglicht.

Das über die Augen fließende Wasser zwingt seine Augenlider zu Schlitzen, bevor es sich irgendwo innerhalb der Jacke sammelt.

Vom Klüverbaum und dann die rund 120 Meter Schiffslänge entlang bis zum Heck der Viermastbark ertasten seine Blicke ehrfurchtsvoll den alten Windjammer, erkunden sie diese ehrwürdige, stolze Dame der Weltmeere. Die großen, dicken Fender, die in regelmäßigen Abständen zwischen Schiffsrumpf und Ponton klemmen, geben knirschende, knarrende Laute von sich, wenn die Wellen der Elbe das Schiff wie im Takte gemächlich anheben und senken. Es ist die vertraute Sprache der Schiffe, sobald sie geborgen im Hafen liegen. Stolz vereinen sich die Masten mit dem Himmel, ragen vom Deck aus weit über fünfzig Meter in die Höhe. Masten, die 3400 Quadratmeter Segelfläche tragen können. Zweifellos ein imposantes Bild. Das Segelschulschiff *Krusenstern*, es hat für einige Tage seine Leinen an der Landungsbrücke im Hamburger Hafen festgemacht, und nun ist er gekommen, um – ja –, um ein wenig zu träumen ...

Segelschiffe ließen ihn immer schon träumen, das war von frühester Jugend an der Fall. Sicherlich hängt jene Leidenschaft nicht zuletzt auch mit seiner Liebe zu den Gewalten der Natur zusammen, mit seinem tiefen Respekt vor der uneingeschränkten Kraft des Wassers der Meere, mit seiner Ehrfurcht vor Wind, vor Sturm. Wind, Wolken und Wellen – für ihn sind jene Kräfte untrennbare und verlässliche Brüder. Wenn er sich recht erinnert, dann hatte sein Großvater den Grundstein dafür gelegt. Ein Mann, der hier an dieser Stelle Hamburgs bis ins hohe Alter hinein als Hafenkapitän tätig war; ein Mann, der sich sein Patent noch bei Wind und Wetter auf einem Rahsegler verdiente. Mit den gebräuchlichsten Begriffen der Seemannschaft hatte er ihn bekannt gemacht. So um die sechs oder sieben Jahre alt mag er wohl gewesen sein, als ihn sein Großvater lehrte, wie man mit einem Seemannsknoten, einem Roringstek, ein Segelboot, eine Jolle festmacht.

Hier, an den Landungsbrücken des Hamburger Hafens, herrscht in der Regel ein reger Tourismusverkehr, der sich allerdings bei Schietwetter (so nennen die Hamburger liebevoll einen länger anhaltenden Regen) dann doch in Grenzen hält. So auch heute. Mindestens Windstärke 5, denkt er, das zeigen die kleinen Schaumkronen, die sich auf den Wellenkämmen gebildet haben. Der Anlegeplatz ist so gut wie menschenleer. Ein paar Möwen fliegen kreischend im Kreis. Mehrere Schiffe fahren vorbei, zumeist Hafen-Schlepper, Barkassen und Fähren, die sich ihren Weg durch die sich langsam aufbauende See bahnen. Sie verdrängen Wasser, wühlen es auf. Ihre Bugwellen wandern sichtbar auch in Richtung Ponton, heben den massigen Schiffsrumpf der *Krusenstern* kurz an, senken ihn ab, lassen knirschend die Fender zu Worte kommen. Fast zeitgleich zwängt sich das Wasser zwischen Ponton und Schiff. Gischt spritzt auf.

Mit einem dumpfen Klatschen hinterlässt der weiße Schaum ansehnliche Pfützen auf dem ohnehin schon klatschnassen Anlegeplatz. Den Möwen scheint das nicht zu gefallen, jedenfalls nicht denen, die sich durch diese Kettenreaktion von ihrem Platz vorübergehend verdrängt fühlen. Sie fliegen davon. Eine von ihnen hat es sich auf einer der oberen Großmast-Rahen bequem gemacht, sitzt nun auf der Steuerbordseite auf dem äußeren Ende dieser Spiere, auf der Rahnock. Nun ja, diese Vögel sind bekanntlich schwindelfrei. Der Wind hat rasch zugenommen, lässt den Regen fortwährend seitlicher einfallen. Bis zur Windstärke 6 könnte er sich in den nächsten Stunden durchaus noch entwickeln, so sein Gefühl, da baut sich dann eine Welle auf, die mühelos bis zu vier Meter Höhe erreicht. Stets den Blick auf die Takelage gerichtet, schreitet er bedächtig die 120 Meter Schiffslänge vom Bug bis zum Heck ab.

Vom Schiff her ragen mehrere recht dicke, lange Leinen im spitzen Winkel bis an die Poller des Pontons, bilden im Gefüge eine zuverlässige Vertäuung. Bis auf das ziemlich genau mittschiffs ausgebrachte Fallreep, eine Zugangstreppe, über die der Windjammer momentan hier im Hafen zu betreten und zu verlassen ist, sind jene Leinen – von den besagten Fendern abgesehen – die einzige Verbindung zwischen der *Krusenstern* und der Landungsbrücke. An jeder der Leinen bleibt er für einen Augenblick stehen, berührt sie, sieht an ihnen entlang, sieht bis zur Reling hoch. Es ist, als erwidere die Bark, hoch oben von den Mastspitzen her, seine Blicke, als würde sie in ihrer stillen Erhabenheit zu ihm hinuntersehen. Für Sekunden hat er das Gefühl, als könne er sich mit ihr unterhalten. Keineswegs erscheint ihm der Gedanke als lächerlich, nein, wenn man es möchte und dann die Bereitschaft aufbringt zuzuhören, dann ist ein solches Zwiegespräch sehr wohl möglich.

Die bereits grau-dunkle Wolkendecke verdichtet sich zunehmend, taucht das Geschehen in ein bedrohlich wirkendes Licht. Hoch oben verirrt sich der auffrischende Wind in der Takelage, lässt loses Tauwerk rhythmisch schwanken, behauptet sich ständig wieder, für den Bruchteil einer Sekunde, mit einem pfeifenden Geräusch, das nahezu ausnahmslos in einem scharfen Heulen mündet. Erneut bewegen Bugwellen-Ausläufer die *Krusenstern*. Ihre Leinen straffen sich, ziehen sich mit einem knappen, schrillen Quietschen konsequent enger um die Poller, um gleich darauf wieder Lose zu geben. Entsprechend reiben sich die Fender zwischen Rumpf und Ponton. Gischt spritzt auf. Wasser schwappt über die Kante des Pontons, das sich hier zu einer beträchtlichen Lache formiert. Möwen fliegen kreischend über seinen Kopf hinweg. Eine fühlbare, dennoch aber angenehme Unruhe liegt in der Luft.

Wie gerne würde er den Windjammer einmal unter vollen Segeln auf dem Meer erleben, wenn der Wind die 3400 Quadratmeter Segelfläche bläht und das Schiff zur Seite geneigt durch die Wellen rauscht. Den Blick noch einmal auf die alte Dame gerichtet, geht er ein paar Schritte rückwärts. »Du magst hier nicht liegen«, flüstert er dem Viermaster zu, »du gehörst hinaus aufs Meer, gehörst in die weite Welt der Ozeane. Doch, ich glaube, ich kann dich verstehen.« Er wendet sich ab und geht. Momentan ist es nicht möglich, den Bereich des Pontons zu verlassen, ohne durch riesige Wasserpfützen zu waten. Da er ohnehin vom Regen durchnässt ist, ist es gegenwärtig eher eine belanglose Tatsache. An einigen Stellen schwimmt ein Ölfilm an der Oberfläche, lässt diese in allen Spektralfarben schimmern. »Träume sind erlaubt«, sagt sich der alte Mann, »und manchmal, ja, manchmal bleibt es beim Träumen.«

Für Landratten:

53° 32' 24" Nord, 9° 58' 58" Ost: Position des Hamburger Hafens nach Breiten- u. Längengraden

Bark: Großsegler mit mindestens drei Masten, der an den vorderen Masten Rahsegel trägt

Fender: ein aus (meistens) elastischen Materialien gefertigtes und scheuerfestes Schutzpolster

Klüverbaum: Spiere, die über das Vorschiff eines Segelschiffes hinausragt

Poller: verankerter, starker, oft pilzförmiger Pfahl aus Holz oder Metall zum Festmachen von Leinen

Ponton: kastenförmiger Hohlkörper als schwimmender Tragteil für einen Anleger

Rah: Spiere (siehe dort), die in der Mitte waagerecht an der Vorkante des Mastes beweglich befestigt ist

Rahsegel: rechteckiges Segel, das an einer Rah gefahren wird

Spiere: allgemeine Bezeichnung für ein Rundholz (z.B. Rah)

Takelage: das gesamte Geschirr, das zum Ausnutzen der Windenergie an den Segeln notwendig ist

Prinz Tamino in Hamburg

Und nicht nur Prinz Tamino stattet Hamburg einen Besuch ab, nein, auch der Vogelhändler Papageno und seine Papagena sind dort. Die Königin der Nacht mit ihrer Tochter Prinzessin Pamina, Monostatos und Sarastro, sie alle treffen sich für einige Tage mit den großen und kleinen Kindern der Stadt im *Theater für Kinder*. Wolfgang Amadeus Mozarts Zauberflöte, seine Musik als »Eine kleine Zauberflöte«. Eine Operninszenierung in zwölf Bildern – ganz auf die Kinder zugeschnitten.

Wir sitzen in der ersten Reihe. Unmittelbar vor uns, momentan noch hinter dem Vorhang, diese unbekannte Welt. Es ist dunkel. Der Vorhang öffnet sich. Das Bühnenbild: Dschungel, im Reich der Königin der Nacht. Auf der Bühne: Prinz Tamino verirrt sich in das Reich der Königin der Nacht. Gerade mal fünf Jahre alt ist das Mädchen, das sich – im Bann des geheimnisvollen Dschungels – augenblicklich mitten in das sonderbare Reich der Königin der Nacht setzen lässt. Esther, die nun in der unmittelbaren Nähe von Sarastros Schloss aufgeregt mit durch das Labyrinth läuft und direkt vor der mysteriösen Schlangengrube, in der grandiosen Unterwelt von Sarastros Reich, in kindlich fantasievoller Ehrfurcht erzittert. Kugelrunde, weit aufgerissene dunkle Kinderaugen, die da an meiner Seite sitzen und das Geschehen aufmerksamst beobachten. Ich kann nicht genau sagen was mich mehr beeindruckt, die Faszination, die die Schauspieler auf der Bühne verbreiten, oder die Bereitschaft des Kindes neben mir, sich kompromisslos in eine andere Welt zu begeben.

Zugleich zwei wunderbar herrliche Komödien, die sich mir da bieten: vor mir, zwischen den Vorhängen der Bühne, die Komödianten in ihren Rollen, auf dem Stuhl neben mir Esther, in einer zwar anderen, aber nicht minder interessanten Rolle. Für die

Schauspieler ist es wohl ohne Zweifel klar, worin ihre Aufgabe besteht, und sicherlich haben sie auch eine genaue Vorstellung von der Aufgabe, der die jungen Zuschauer möglichst gerecht werden sollen. Die einen spielen auf der Bühne, die anderen sehen auf die Bühne, die einen senden Signale, die anderen empfangen Signale. Nur eben ich, ich weiß nicht genau, welcher Part mir zugedacht ist. Gut, was das Zuschauen betrifft, so entscheide ich mich für eine Doppelrolle. Bereitwillig unterwerfe ich mich der fesselnden Wirkung der gelungenen Mozart-Inszenierung, dann wieder bin ich Esthers getreuer Zuschauer, ein wahrhaft begeisterter Zuschauer, den das überaus muntere Gebärden- und Mienenspiel des Kindergesichtes doch etwas rührig stimmt.

Tamino – er wird von einer schrecklichen Schlange gehetzt. Entsetzen spiegelt sich in Esthers Augen. Doch durch die Macht der Königin der Nacht wird Tamino gerettet. Ein zufriedenes Lächeln in Esthers Gesicht. Die Königin erzählt Tamino, dass sich ihre Tochter Pamina in den Händen ihres Feindes Sarastro befindet und gibt ihm ein Bild des Mädchens. Esthers weit offenstehender Mund verharrt in seiner momentanen Stellung. Tamino verliebt sich sofort in die schöne Prinzessin. Esthers Augen sind mit einem unbeschreiblichen Glanz versehen. Tamino ist entschlossen, die Prinzessin zur Frau zu nehmen. Esther sitzt auf ihren Händen und beugt den Oberkörper weit vor in Richtung Bühne. Die Königin gibt Tamino als Hilfe einen Gefährten mit auf den Weg, den Vogelhändler Papageno. Esther beugt sich so weit in Richtung Bühne vor, dass sie das Gleichgewicht verliert und vom Stuhl rutscht. Die Königin der Nacht rüstet Prinz Tamino und Papageno noch mit einer Zauberflöte und einem Zauberglockenspiel aus.

Esther springt auf, steht nach zwei beherzten Schritten direkt vor der Bühne, kann mit ihrem Köpfchen gerade noch soeben, auf ihren Zehenspitzen stehend, über die Kante der Erhöhung blicken. Ein neues Bühnenbild: das Labyrinth in der Nähe von

Sarastro Schloss. Tamino und Papageno haben sich aus den Augen verloren. Während Papageno weiter nach Pamina sucht, erfährt Tamino, dass Sarastro Pamina nicht gefangen hält, sondern sie voll Weisheit und Güte erzieht, als wäre sie seine eigene Tochter. Esther kommt zu mir zurück, setzt sich wieder neben mich. Tamino durchschaut nun, dass die Königin der Nacht ihn betrogen hat. Drei Prüfungen soll Tamino bestehen, bevor er Pamina zur Frau bekommt, so entscheidet der kluge Sarastro. Erneuter Wechsel der Kulissen: Schlangengrube in der Unterwelt von Sarastros Reich. Tamino und Papageno, die nun wieder zusammen ihren Weg gehen müssen, werden hart geprüft. Tamino besteht, Papageno nicht. Esther rückt betont näher an mich heran, ihr Händchen sucht meine Hand.

Papageno will gar kein großer Held sein, sondern wünscht sich nur sehnlichst eine Frau. Dieser Wunsch geht sofort in Erfüllung. Eine alte Hexe erscheint und will ihn zum Mann nehmen. Nie vorher habe ich Esther so argwöhnisch dreinblicken sehen. In seiner Angst willigt Papageno ein, und jäh verwandelt sich die Hexe in ein hübsches Mädchen. Dynamisch wie eine Sprungfeder schnellt meine Tochter von ihrem Platz hoch und starrt, in der Haltung wie gelähmt, gebannt auf die Bühne. Aber da er die Prüfungen letztlich nicht bestanden hat, darf er sie nun leider doch nicht heiraten. Esther lässt sich zurück auf ihren Stuhl fallen, sieht mich mit großen Augen und herabhängenden Mundwinkeln fragend an. Der Bühnenvorhang fällt, schließt sich geräuschlos und zügig, beendet die spannende Szene des Dramas, oder besser gesagt – der Dramen. Sowohl das Drama auf der Bühne als auch das Drama neben mir direkt an meiner Seite erfahren eine Unterbrechung: die Pause, nach dem dritten Bild.

Die Blicke meiner jungen Begleiterin sind immer noch in Richtung Bühne gerichtet, haften nunmehr an dem geschlossenen Vorhang. Ihre Stirn glänzt etwas, ein leichtes Schwitzen hat das bewirkt. Esthers Herz schlägt Alarm, pochend meldet es sich an ihrem Hals, lässt sein Wirken sichtbar werden. Wir verlassen in der Menge der Besucher den Raum. Hand in Hand begeben wir uns in das Café des Theaters, setzen uns an den kleinen runden Bistrotisch, den ich bereits in einer Vorbestellung reserviert habe, und erfreuen uns an Limonade, Eis und Cappuccino. Mir scheint, wir haben beide etwas rot erhitzte Köpfe, und eine Ruhephase wird nicht schaden. Ich muss dem Kinde unzählige Fragen beantworten. Gute, verständige, kluge, ja intelligente Fragen. Fragen, die Esther mir – zeitweise tatsächlich parallel – stellt und die sie nach Möglichkeit auch schnellstens beantwortet haben möchte: der Dschungel, die Königin, die Schlange und das Labyrinth ... Der Knall, der Donner, der Rauch und der Blitz ...

Das Dunkel, die Helligkeit, das Nasse und der Wind ... Wer, warum, was und wie ... Wann, wohin, wodurch und weshalb? Esthers Blick, ihr Kopf, ja ihr ganzer Körper ist ein einziges glühendes Fragezeichen. Die Limonade kühlt sie etwas ab. Die Theaterglocke läutet, fordert zur Einnahme der Plätze auf. Die Pause ist beendet. Mozart meldet sich zurück. Das Stück geht weiter. Wir setzen uns auf unsere Plätze. Das Licht erlischt langsam und stufenlos. Es ist für wenige Sekunden stockdunkel im Theater. Ein Rascheln. Ein Rücken. Ein Räuspern. Ruhe. Der Vorhang öffnet sich rasch zu beiden Seiten. Ein Glanz in Esthers Gesicht, das sich mir nur im Profil zeigt. Nach der Dunkelheit wirkt sogar das eher grelle Licht der Bühnenbeleuchtung angenehm. Musik setzt ein. Ich freue mich über das Kind, über den Tag, über das Theater und über Wolfgang Amadeus Mozart. Ich freue mich über diese Momente der Zeit, freue mich über diese Minuten und Sekunden der Gegenwart

Phantasma

Ein Blick in den Raum unterbricht mein Grübeln, lässt mich jäh vergessen, dass ich möglicherweise meine Orientierung verlor: Der Herr, der an dem Tisch mir gegenüber und direkt am Fenster sitzt, der erinnert mich an Hermann Hesse. Nicht nur mal eben so, mittels eines flüchtigen Blickes meinerseits, nein, die Ähnlichkeit ist schon bemerkenswert. Die scharf gezeichnete Physiognomie, die eine disziplinierte, intelligente Zurückhaltung deutet, der ernste wie bescheidene Blick durch eine unauffällige Nickelbrille, dunkler Anzug, Weste, weißes Hemd und Krawatte – als würde sich jener Dichter und Schriftsteller ebenfalls hier in der Schankstube des alten Gasthauses aufhalten. Mehr an der Ecke des Tisches sitzend, den rechten Arm auf der Tischplatte gelagert, hält der Besagte ein aufgeschlagenes Buch in den Händen. Zwischen Zeige- und Ringfinger seiner linken Hand steckt eine Zigarre. Es gibt eine bekannte Ablichtung von dem Mann, die ihn genau so und in dieser Haltung zeigt. Ein Grund mehr für mich, innerlich in Verwunderung zu erstarren.

Die Situation ist mir auf Anhieb genehm. Sie steigert, als zwar surreale, dennoch aber recht angenehme Erfahrung, sofort mein Wohlbefinden merklich. Außer für ein paar Stunden ein schützendes Dach über den Kopf und vielleicht noch ein Glas Bier nach einem Teller Suppe hatte ich von diesem alten Gemäuer nicht mehr erwartet. Ich betrachtete es tatsächlich bereits als ein Geschenk des Himmels, in dieser verlassenen Gegend überhaupt auf eine Gastronomie zu stoßen. Und nun das. Dieses Erlebnis, das mir spontan so einige gute Gedanken ruft, das weit die Pforten zu den Gemächern öffnet, in denen die mir lieb gewordenen Erinnerungen ruhen. So um die fünfzig Jahre alt war Hermann Hesse, als das besagte Foto von ihm gemacht wurde. Er schrieb in jener Zeit vermutlich an seinem

Buch *Der Steppenwolf*. Das gehört schon gut acht Jahrzehnte der Vergangenheit. All seine Bücher las ich. Zeilen, welche, das darf ich sagen, die essenziellen Weichen meines Lebens stellten.

»Außer für ein paar Stunden ein schützendes Dach über den Kopf ...« – abgesehen von der Tatsache, dass ich gerade an einen ganz hervorragenden Schriftsteller erinnert werde, stelle ich mir doch die Frage, was ich hier, hier an diesem Orte, zu suchen habe, oder besser gesagt, wie oder was der Anfang war, der diesem Verlauf generierte. So meine Gedanken. »Ich betrachtete es tatsächlich bereits als ein Geschenk des Himmels, in dieser verlassenen Gegend überhaupt ...«, was ist das für eine Inszenierung? Zwar kann ich mir beharrlich die Frage stellen, beantworten aber nicht. Nicht zufriedenstellend, nicht ohne eine Kette weiterer Fragen zu provozieren, Fragen, die zwangsweise an die *Reductio ad absurdum* erinnern. Vielleicht vermag das, was in den jüngst vergangenen Stunden – oder waren es Minuten? – geschah, zur Erläuterung beitragen. Obwohl, obwohl ich mittlerweile mein Erinnerungsvermögen anzweifle, und das nicht grundlos. Zuviel für mich Unerkennbares ist geschehen. Nachfolgend eine Zusammenfassung der Vorkommnisse, von denen ich annehme, dass sie für mich wenigstens ansatzweise nachvollziehbar sind:

Trotz des Regens, den der nasskalte Wind unaufhörlich gegen mein Gesicht weht, empfinde ich eine wohltuende Wärme. Außergewöhnlich, denke ich mir, das passt nicht so recht zusammen. Wie auch immer dem sei, immer wieder sehe ich das gleißende Licht auf mich zufliegen. Eine Erfahrung, die ich vor einer Ewigkeit machte. Vor einer Ewigkeit? Irgendetwas in mir deutet es anders, spricht von Bruchteilen einer Sekunde. Irgendetwas *in* mir? Egal. Ich muss mich auf den Weg konzentrieren. Vermag momentan nicht zu unterscheiden, inwieweit ich mich mit mir selber unterhalte. Der Weg – wenngleich er mir nicht bekannt ist, ist er mir vertraut. Wo ich mich aufhalte, ist mir unklar. Dessen ungeachtet, für diese Situation bin ich nicht richtig gekleidet. Das sagt mir mein Verstand. Mein Verstand? Mag sein, dass es eher die Erinnerung ist. Doch, ja, vermutlich verhält es sich so, es muss die Erinnerung sein, denn verstehen, verstehen im wahrsten Sinne des Wortes, kann ich gegenwärtig nichts.

Der Regen hat etwas zugenommen. Der Wind zeigt sich gleichbleibend. Ich bin nass bis auf die Haut. All das, so scheint es, fügt sich nicht in die Realität. Zumindest nicht in die, die ich im Augenblick verspüre. Die wohltuende Wärme beispielsweise, die meinen Körper beseelt, die hält an, ja mehr noch, sie lässt – wie auch immer sie es macht – keinen Zweifel daran aufkommen, dass sie mir auch künftig verlässlich bleiben wird. Auch was meinen Pfad betrifft, verhält es sich so. Die Vertrautheit, die mir dieser, wie gesagt völlig unbekannte Weg vermittelt, lässt keinerlei Furcht aufkommen. Wie war das mit dem Licht? Nein, nein, ich kann es nicht einordnen. Jeder Versuch, es zu können, löst jene Gedanken sofort auf, lässt sie sanft, aber bestimmt und übergangslos durch die Türe zur Vergangenheit schweben, einer Vergangenheit, die sich als eindeutig abgeschlossen zu erkennen gibt. Ein Abschied? Eine Begrüßung? Zeitgleich? Fragen, die mich eigentlich verunsichern sollten, so wie mich die Situation in ihrer Gesamtheit verunsichern sollte. Aber nein, die Gegenwart einer zuvor nie erlebten Harmonie dominiert, lässt weder Besorgnis noch Zweifel zu.

Der Weg, schmal ist er. Links und rechts hohe Bäume. Sehr hohe Bäume sogar. Ihre Wipfel scheinen sich im Nichts aufzulösen. Eher grau denn grün sind sie, und das, während es ausreichend hell ist. Auch diese Helligkeit will sich mir nicht erklären. Alles in meiner Nähe gehört eigentlich zur Nacht. So mein Sinneseindruck. Aber ... es ist hell. Oder? Nebensächlich, ich muss mich doch auf den Weg konzentrieren. Es ist mir nicht nur unklar, wo ich mich befinde, ich kann mir auch nicht darlegen, was meine Entschlossenheit nährt, die Entschlossenheit, meine Schritte so zu setzen, wie ich sie setze. Ganz zu schweigen von der Tatsache, dass ich mich beim besten Willen nicht an meinen

Ausgangspunkt erinnere. Allein an das grelle Licht erinnere ich mich noch, an die Helligkeit, die urplötzlich und somit bedrohlich – vor Bruchteilen einer Sekunde? – vor mir auftauchte. Das habe ich in Erinnerung. Wenn ich mich nicht täusche, was ich sehr wohl in Betracht ziehe. Ich blicke auf, konzentriere mich auf den Versuch, das vor mir Liegende zu erkennen. Der Weg scheint ebenfalls ins Nichts zu führen. Ich bleibe stehen, drehe mich um. Dasselbe Bild.

Eine gewisses Gefühl macht sich bemerkbar, eine – ich nenne es mal so – willkommene Geborgenheit, die sich immer dann einstellt, wenn sich die Müdigkeit meldet und man genau weiß, dass man sich entsprechend gebührend ausruhen kann. Ein weiterer Widerspruch, den ich erfahre. In welcher Form soll mir diese morbide Landschaft eine solche Geborgenheit denn ermöglichen können? Andererseits, und das ist zu bedenken, andererseits passt die perfekt ausgeglichene Wärme meines Körpers ja auch nicht zu der Gegebenheit, dass dieser, bedingt durch den eisigen Regen, anhaltend gekühlt wird. Nein, auch jetzt gesellt sich keinerlei Zweifel zu der von mir empfundenen Gewissheit, dass alles gut wird – ja gut ist. Rechts vor mir unterbricht sich die Baumreihe unvermittelt. Ein Haus zeigt sich. Weder war es zu erwarten, noch hat in summa irgendetwas auf diesem Weg auf die Möglichkeit hingewiesen, dass hier je ein Gebäude existent sein könnte. Auffällig ist mir gleich, dass es zwar an der rechten Seite und deutlich außerhalb der Wegabgrenzung steht, trotzdem aber die Ahnung vermittelt, dass der Weg an dieser Stelle endet …

Reetdach, roter Backstein und kleine Holzrahmenfenster. Lediglich ein ovales Schild, das, an zwei Ketten an einem Balken hängend, vom Wind hin und her geschaukelt wird, macht erkennbar, dass es sich hier um einen Gasthof handelt. »Zur Einkehr« – so der geschwungene goldene Schriftzug auf dunkelgrüner Emaille. Ich bewege mich auf das Haus zu. Vor der Eingangstür bleibe ich stehen. Ich blicke zum Schild empor, vernehme aus dieser Nähe das vom Wind dirigierte, sanfte und rhythmische Klingen der Ketten. Ein Türgriff aus Bronze, er hat die Form einer Taube mit geschlossenen Augen, lässt mich eintreten. Schweres, dunkles Gebälk, das die Decke stützt, breite, dunkle Holzdielen, die den Boden ausmachen. Der Kalk der Wände, leicht angegraut. Eiserne Beschläge, die die Fensterrahmen zusammenhalten. Ein paar kleinformatige Bilder – Landschaften, Öl auf Leinwand und breit gerahmt – verteilen sich im Raum. Ein Kamin, in dem einige Holzscheite glimmen. Eine Kaminuhr mit Kalendariumszifferblatt. Das *war's* auch schon. Nichts im Raume lenkt unangenehm ab. Ein Ambiente, das der Konzentration förderlich ist. Eine Atmosphäre, die ich immer schon sehr geschätzt habe.

Einige Tische, rechteckig und von unterschiedlicher Größe, die jeweils für zwei, vier oder sechs Stühle zuständig sind. Allein bin ich nicht. Hier und dort sitzen Gäste. Kaffee steht auf den Tischen, Wein, Bier und Kuchen. Die Hauptessenszeit scheint vorbei. Genau weiß ich es nicht. Die Kaminuhr, und das wundert mich ebenfalls, die meine ich zwar ticken zu hören, aber sie steht. Es ist deutlich erkennbar, dass sich das Räderwerk nicht bewegt. Beide Zeiger ruhen übereinander auf der römischen Ziffer XII. Ich selber trage keine Uhr. Mit einem angedeuteten Nicken erbiete ich einen Gruß in die Runde. Einige der Gäste blicken kurz auf. Das meine ich aus dem Augenwinkel heraus zu bemerken. Gleich links neben der Tür setze ich mich an einen Zweiertisch. Hier habe ich sowohl den Kamin als auch die Fensterfront in meinem Blickfeld. Immer wieder verrät ein leises Knistern, dass Seiten von Zeitungen geblättert werden. Einige lesen in einem Buch, andere unterhalten sich miteinander. Wer nun was tut oder lässt, das will ich nicht ergründen. Zu sehr bin ich mit mir selber beschäftigt, mit den Fragen, die mich bewegen. Was bitte hat mich veranlasst, diesen Weg zu wählen, der mich hierher geführt hat?

Soweit das für mich Rekonstruierbare. An das zuvor Geschehene fehlt mir derzeit jede Erinnerung, was ich bereits sagte. Zurück in die unmittelbare Gegenwart: Der Herr, der mich an Hermann Hesse erinnert, blickt bedachtsam von seinem Buch auf und sieht zu mir herüber. Vermutlich habe ich ihn zu lange angesehen. Man bemerkt es, wenn man beobachtet wird. Unsere Blicke treffen sich. Es ist mir unangenehm. Kurz deute ich ein Lächeln an, senke mein Haupt, bin wieder bei mir. Meine Gedanken wollen sich mit aller Kraft sortieren, versuchen unablässig die notwendigen Prioritäten zu setzen. Es ist, wie wenn man so langsam aus einer Ohnmacht erwacht, ein inneres Ringen. So empfinde ich es. Den Kopf zwischen den Händen und die Ellenbogen auf der Tischplatte abgestützt, unterhalte ich mich mit meinem Spiegelbild, das mir die eingeriebene Politurschicht bietet. Wir lächeln uns an, verharren für eine Zeit in dieser Position. Da – ohne einen für mich erkennbaren Übergang – fügt sich nun alles recht schnell. Das Ringen, es hört auf. Die Vergangenheit verabschiedet sich freundlich. Wohlgebettet bleibt sie zurück. Es gibt nichts mehr, was noch zu sortieren wäre. Alles erscheint klar. Zeitgleich stellt sich eine angenehme Leichtigkeit meines Innen ein. Alles ist gut.

Eine Tür öffnet sich. Ein Mann mit grau meliertem Haar, im fortgeschrittenen Alter, betritt nahezu geräuschlos den Raum. Weiße Jacke, dunkle Hose und schwarze Schuhe – ganz offensichtlich handelt es sich um den Ober der Gaststube. Zielgerichtet geht er auf den Herrn mir gegenüber zu, bleibt in einem gewissen Abstand diskret und leicht vornüber gebeugt vor ihm stehen: »Möchten Sie vielleicht noch ein Glas Wein, Herr Hesse?«

Epilog

Innehalten. Im richtigen Moment verweilen. Es bedarf viel Übung, bis es gelingt …

Zeit – welch ein grandios verpacktes Geschenk, das uns das Leben reicht. Nicht immer nehmen wir es entgegen, oder wir lassen es uns überreichen, und legen es dann unausgepackt beiseite …

Das Leben kann man nicht aufschieben. Mit dem Jetzt sollten wir uns verbünden, den Moment auskosten. Jede Sekunde ist einzigartig

Peter Oebel, in Hamburg geboren, lebt seit 2003 im Süden Schleswig-Holsteins auf dem Lande. Seinen Beruf hat er 2009 spontan aufgegeben und widmet sich seitdem seinen drei Leidenschaften: dem Garten, dem Kochen und dem Schreiben.